学科核心素养导向的
高中音乐课堂教学实践探索

陈 双 主 编
邓文兵 吴仕均 刘 启 副主编

西南大学出版社

图书在版编目(CIP)数据

学科核心素养导向的高中音乐课堂教学实践探索 / 陈双主编. -- 重庆：西南大学出版社, 2023.3
 ISBN 978-7-5697-1819-5

Ⅰ.①学… Ⅱ.①陈… Ⅲ.①音乐课—课堂教学—教学研究—高中 Ⅳ.①G633.951.2

中国国家版本馆CIP数据核字(2023)第052206号

学科核心素养导向的高中音乐课堂教学实践探索

陈　双　主编

邓文兵　吴仕均　刘　启　副主编

责任编辑：	文佳馨　朱春玲
特约编辑：	蔡雨翔
责任校对：	杜珍辉
装帧设计：	观止堂_朱璇
排　　版：	瞿　勤
出版发行：	西南大学出版社（原西南师范大学出版社）
	重庆·北碚　邮编：400715
印　　刷：	重庆新生代彩印技术有限公司
幅面尺寸：	185 mm×260 mm
印　　张：	9
字　　数：	226千字
版　　次：	2023年3月 第1版
印　　次：	2023年3月 第1次
书　　号：	ISBN 978-7-5697-1819-5
定　　价：	58.00元

四川省中学音乐名教师(陈双)鼎兴工作室

主编简介

陈 双

四川省双流艺体中学副校长,正高二级教师

首届全国中小学美育教学指导专业委员会委员,四川省中学音乐名教师(陈双)鼎兴工作室领衔人,成都市双流区音乐名教师工作室导师,四川省特级教师,四川省优秀教师"天府万人计划"入选者,"天府名师",四川省骨干教师,四川省优秀艺术教育工作者,资阳市优秀教师、优秀德育工作者、学科带头人、劳动模范,安岳县(区)科技拔尖人才。中国教育学会音乐专委会会员,四川省教育学会音乐专委会理事,成都市教育学会音乐专委会副会长。曾获国家级教学成果一等奖1项、二等奖1项,国家级教育科学研究优秀成果三等奖1项,省级教学成果一等奖2项、二等奖1项、三等奖3项;发表与获奖论文近30余篇;出版教育专著4部。

编委会

主　　编：陈　双

副 主 编：邓文兵　吴仕均　刘　启

编写人员：（排名顺序不分先后）
　　　　　　陈　双　邓文兵　吴仕均
　　　　　　刘　启　伍茂渝　张蜀仙
　　　　　　邓晓兰　陈　川　曾春燕
　　　　　　张馨月　夏栋梁　罗茹文
　　　　　　曹　佳　罗　翛　张艺倩
　　　　　　何建军

序

  莺鸣啁啾,绿柳含烟,辛丑仲春得《学科核心素养导向的高中音乐课堂教学实践探索》书稿,熟读精思之下,心神为之一振。

  在我看来,名教师工作室是地区美育工作力量的有力联盟。在这样的联盟里,各地区一线优秀音乐教师顺应不懈求索、持续发展的需求,在主持人的引领下集结起来,在实践中展开研究,以研究指导实践。这种有真知的实践、有思考的提炼、能发挥辐射引领作用的实践与研究相结合的形式,让中学音乐课堂的育人价值得以充分体现,让莘莘学子身心得以健康发展,这也正是我们美育人长久以来所期望与倡导的。

  这部论著,是四川省中学音乐名教师领衔人陈双与省内十余位优秀一线音乐老师,基于立德树人、以美育人的初心与使命,以学科核心素养培育为导向,以提升课堂效率、实现学科育人价值为目标,围绕中学音乐课堂教学策略、教学保障等六大板块而开展实践研究所取得的成果。论著依托众多优秀一线教师的课堂实践,以学科教师的思考与研究为内核,以团队为合力,使音乐课堂教学的策略、方法等不再局限于个人经验的口口相传,而是具有一定的理论价值。它结晶于一线中学音乐教师的实践探索,深耕于课堂,对于广大一线音乐教师来说,具有较高的实践参考价值和指导作用。

  本书以三个主体板块呈现:一是基于学科核心素养的高中音乐课堂教学现状调研;二是学科核心素养导向的高中音乐课堂教学实践探索研究方案;三是学科核心素养导向的高中音乐课堂教学策略。这三个板块相对独立又统一于学科核心素养的维度之下,立足四川,放眼省内高中音乐课堂,以学生发展实际情况为蓝本,致力于中学音乐课堂策略的研究。据了解,在研究前期,工作室成员针对研究需求开展了全面而充分的调查,鉴于学生性别、年龄、地域、学校类型等实际条件的不同进行了分类探讨。在此基础上生成的调查报告能较为真实地反映川内教师共同面临的生源、学校状况等问题,具有普适性和代表性。值得称赞的是,研究团队并未在发现问题和提出问题之后就停止了追问和求索的脚步。他们进一步总结、提炼了调查的结论,并给出了建议,包括:

1.音乐教师队伍建设有待强化,音乐教学设备方面还需加大投入;

2.应积极开展教研活动,切实提升音乐教师教育理论水平和教学实践水平;

3.结合中华优秀传统文化、地方文化,拓展高品质音乐教学。

在我看来,本书编者们查了"是什么",问了"为什么",说了"怎么办",这作为一线音乐教师的研究成果是值得肯定的。

治学者,犹探洞也,拥火以入,入之愈深,其进愈难,而其见愈奇。所盼者,踏崎岖以成蹊径之人,纷至沓来;炼困惑以成指引之作,各抒己见。希望大家喜欢此书,并能从书中汲取智慧与能量,在音乐教育的路上走得更加坚定与欢快。

(湖南师范大学教授、博士生导师)

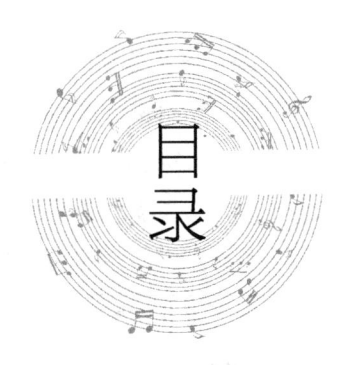

序 / 1

上篇　现状调研和研究方案 / 1

第一章　基于学科核心素养的高中音乐课堂教学现状调研 / 2

一、调研背景与目的 / 2

二、调研实施 / 3

三、现状调研结果 / 4

四、现状分析和存在的问题 / 14

第二章　学科核心素养导向的高中音乐课堂教学实践探索研究方案 / 16

一、研究背景 / 16

二、相关文献综述 / 18

三、理论依据 / 24

四、研究的意义 / 26

五、核心概念界定 / 26

六、研究的目标和内容 / 27

七、研究对象及方法 / 27

八、研究的基本思路与措施 / 28

九、研究成果预设 / 30

下 篇　论文集 / 33

第三章　学科核心素养导向的高中音乐课堂教学策略 / 34

构建"一二三四五"模式实施艺术教育 / 34

基于民族音乐文化传承的校本音乐课程建设策略探究 / 38

高中音乐教学中渗透地方民歌（城厢连箫）实践性教育的探索与研究 / 42

高中演奏模块教学实践——以课堂乐器木笛演奏教学为例 / 47

高中音乐鉴赏课"课眼"的捕捉与实施教学初探 / 51

普通高中音乐学科选课走班教学模式初探 / 54

中华优秀传统音乐文化走进普通高中音乐课堂——彝族口弦音乐文化传承 / 58

高中音乐歌唱模块有效课堂教学研究 / 62

京剧文化传承的教学策略实践与探索——以《看大王在帐中和衣睡稳》教学为例 / 73

基于学科核心素养的高中音乐鉴赏教学的实践探究——以古琴曲《流水》为例 / 79

把课堂作为弘扬地方传统音乐文化的主阵地——以高中音乐与戏剧模块课例川剧《秋江》
　　为例 / 83

基于学科核心素养探讨普通高中音乐与舞蹈模块教学 / 93

浅谈新课改背景下普通高中音乐教学保障策略 / 97

高中歌唱模块教学策略探究——听、说、唱 / 101

关于高中音乐合唱教学模块策略探究 / 106

高中音乐教学中学生"文化理解"学科核心素养实施策略探索 / 111

例谈中学音乐课堂教学的有效导入 / 114

微课在高中视唱练耳教学中的运用探究 / 119

附　录 / 123

四川省中学音乐名教师（陈双）鼎兴工作室关于学校课堂教学现状的问卷调查（学生卷）/ 123

四川省中学音乐名教师（陈双）鼎兴工作室关于学校课堂教学现状的问卷调查（教师卷）/ 128

后　记 / 132

上篇

现状调研和研究方案

第一章
基于学科核心素养的高中音乐课堂教学现状调研

一、调研背景与目的

在音乐学科核心素养的导向下，追求高品质的音乐教育已经成为音乐教育的浪潮与趋势。当前，音乐教育国际研究协会提倡的音乐教育体系主张运用科学的方法，通过音乐教学的模式，以培养学生健康、全面的人格以及价值观为目标，提升学生的核心素养水平。这也是我国当前青少年教育的要求，即帮助学生树立健全正确的世界观、人生观、价值观体系，在多元和平等的理念下传承人类优秀的文明，并且推进社会的发展。这种理念也给我国高中音乐教育工作带来了新的发展理念，帮助众多一线的音乐教育工作者在课程资源开发以及教学创新实验中实现全新的突破。四川省中学音乐名教师(陈双)鼎兴工作室在领衔人的引领下，立足学科教育，充分利用课堂作为实践基地，经过缜密、细致的前期工作准备，通过课题"基于学科核心素养的高中音乐课堂的教学实践研究"来促进新时期高品质音乐课堂的生成。经过两个多月的筹备和各项工作的开展，目前问卷调查已告一段落。

本项调研工作全面调查、了解了四川省六市(成都、乐山、宜宾、泸州、南充、绵阳)高中音乐教育教学在理念、师资、管理、评价等方面的现状。通过对一线师生的访谈问卷调查了解，构建起高中音乐高品质课堂相关的路径、方法，进而推动课题研究中的各项工作。通过本次调查研究，明确专业理论、专业技能、教学经验、教学方法等各个领域践行高品质课堂的方向，为课题研究下一步的深入开展提供依据。

二、调研实施

1. 调研思路

本课题建立在研阅丰富文献资料的基础上,分别从高中音乐学科核心素养以及教学策略两个方向进行探索与延伸,有计划地对问题领域进行划分以及对任务进行系统分配。调研紧紧围绕以上两个方向的相关研究进行,同时调研者尽可能地多接触不同的学校校长、学校分管音乐的负责人、音乐教师、学生。课题参研者在调研的过程中可以更加深刻地了解与认识该研究课题的重要意义以及重要价值,从而更好地推进研究的进度。

2. 调研内容

本次调研,内容一共分成以下几个部分:受访学生的基本背景信息,包括所在地区、学校类别、性别、年级等;对音乐课学习的喜爱程度以及认同感,包括学习音乐的价值以及学习音乐的收获等;音乐教学的方式以及音乐教学的衍生,包括上课场地、音乐课类型、音乐学习配套设施以及音乐学习相关活动等。通过对以上方向进行调研问卷的设计,共设计出19道题目向受访者进行询问。

除此之外,本次调研中与各校校长、分管音乐的负责人、音乐教师进行访谈,得到的信息涉及音乐教师师资情况、音乐教学设备配备情况、音乐教材使用情况、音乐课时设置及音乐课开设情况、音乐课外活动情况、学生对音乐及音乐课类型的兴趣、学生基本音乐素养和感知力等,期待获得更加全面客观的对于高中音乐教育的现状反馈以及提升意见。

3. 调研方法

本次调研通过充分研究相关文献,结合现状调查,力求理论与实际相结合,运用抽样的方式,选择了四川省六市(成都、乐山、宜宾、泸州、南充、绵阳)有代表性的高中进行实地调研。在调研的过程中,为了保证调研的真实性与全面性,调研者多次前往所调研高中与音乐教师和学生进行交流沟通,观摩大量实地音乐课堂教学,在教师与学生的积极配合下完成问卷调查。主要采取的研究方法如下:

(1) 文献法

根据国内外相关期刊、电子资料等文献,针对学科核心素养和体验式高中音乐高品质课堂的理念、标准、评价体系等内容,进行查阅、分析、整理,对该课题的已有研究成果进行梳理,生成科学、有效的问卷内容。

(2) 问卷调查与访谈相结合

基于区域内高中音乐学科课堂教学的问题和课题研究的问题,开展问卷调查以及相应的访谈。

此外,本次调研还以统计与分析法、比较研究法、综合研究法等音乐教育领域常运用的科研方法为辅。

4.样本选择

本次调研对四川省六市(成都、乐山、宜宾、泸州、南充、绵阳)高中在读学生进行随机问卷调查。本次问卷调查学生问卷共发放400份,回收有效问卷371份;教师问卷共发放300份,回收有效问卷292份。在调研过程中,通过与校长、分管音乐的负责人、音乐教师和学生分别进行访谈、采用问卷调查的方式来确保调研的真实性与实效性。

三、现状调研结果

(一)学生卷

根据回收的有效问卷统计,由图1可知,受访学生主要来自成都、宜宾,其中来自成都的学生最多,占比29.4%。由图2可知,在年级分布上,高一的学生最多,占比59.3%;其次为高二的学生,占比30.2%;高三的学生最少,占比10.5%。

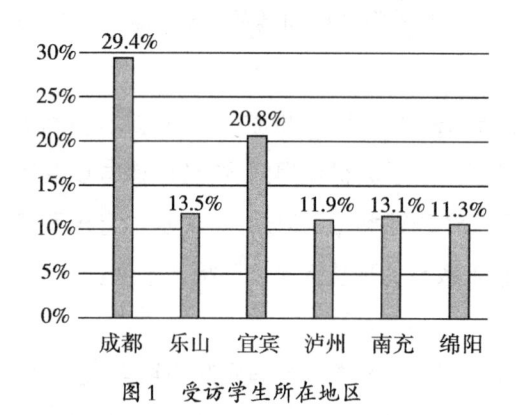

图1 受访学生所在地区

图2 受访学生年级分布

由图3可知,受访学生的性别分布为,女性占比56.3%,男性占比43.7%。由图4可知,受访学生所属的学校的类别以城区高中为主,占比67.4%,其余为乡镇高中,占比为32.6%。

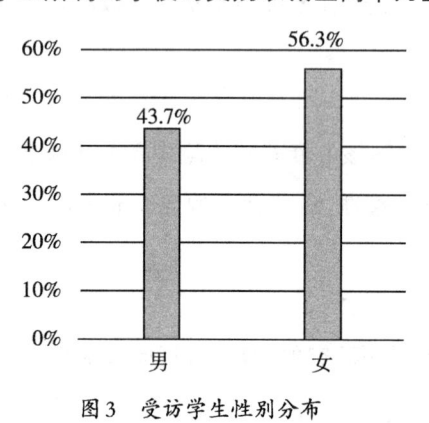

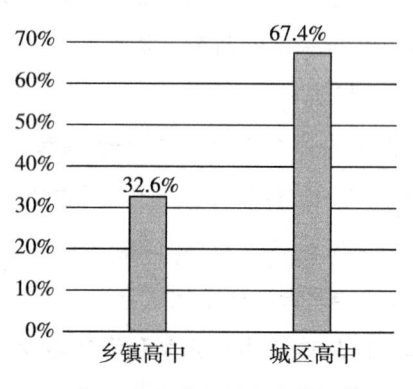

图3 受访学生性别分布

图4 受访学生所属的学校类别

由图5可知,在问及学生对于音乐课的喜爱程度时,57.1%的学生表示非常喜欢音乐课,32.6%的学生表示比较喜欢音乐课,由此可见89.7%的学生表示自己喜欢上音乐课,说明当前音乐课在学生心中是受欢迎的课程。由图6可知,在不需要应对课程考试压力的情况下,95.1%的学生表示愿意学习音乐。

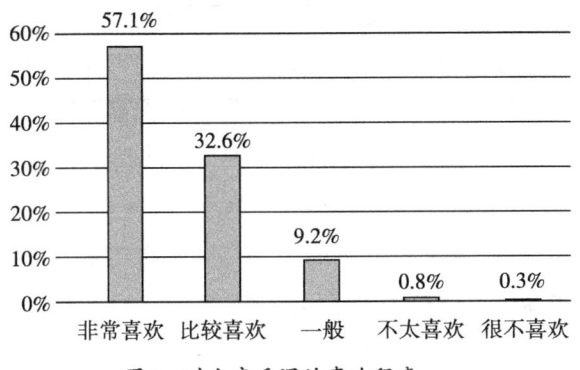

图5　对上音乐课的喜欢程度　　　　图6　无考试压力时是否愿意学习音乐

由图7可知,在最喜欢的音乐课类型上,69.9%的学生选择喜欢上综合课(包含唱歌、音乐欣赏等课程内容),另外的比较受欢迎的课程为唱歌课、欣赏课,分别占比11.7%、11.4%。由图8可知,60.4%的学生表示音乐课的上课地点在专用的音乐教室;28.3%的学生表示他们的音乐课在教室上,并没有专门的多媒体音乐教具;剩下的11.3%的学生则表示,上课地点的随机性大,没有固定场所。

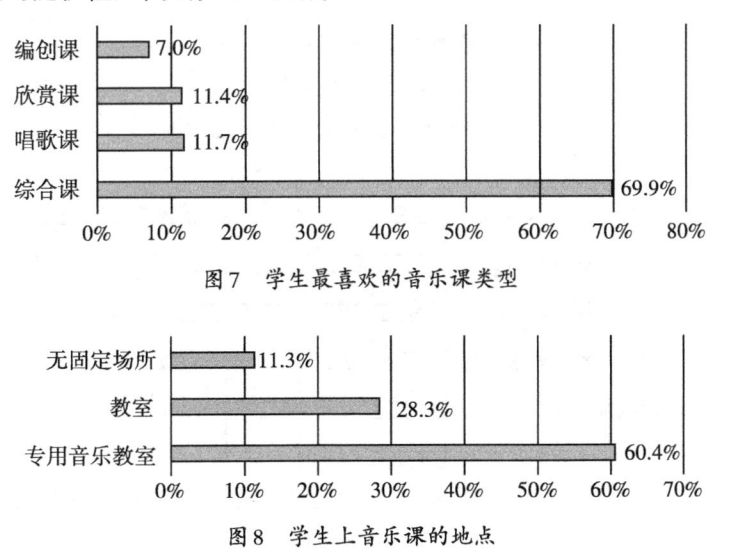

图7　学生最喜欢的音乐课类型

图8　学生上音乐课的地点

由图9可知,在针对学习音乐的价值问题上,最多的回答是"丰富音乐体验,培养艺术情趣",占比79.0%;其次高票回答分别为"提升人文素养,健全高尚人格"(65.8%),"丰富生活,调节学习压力"(63.6%)。

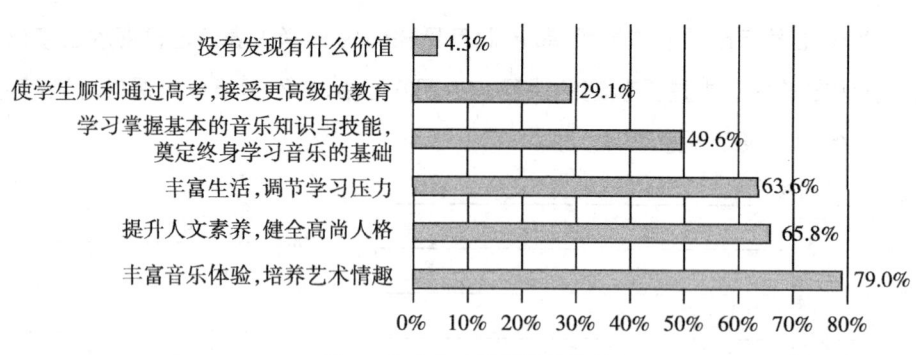

图9 学习音乐所获得的价值

由图10、图11可知,学生不喜欢上音乐课的原因主要是"对课程内容不感兴趣"(53.5%)和自身对音乐不感兴趣(52.9%),占比最少的是"不喜欢教师"(8.5%);学生喜欢上音乐课的原因主要是"学习太累,想放松下"(59.6%),"纯粹喜欢音乐"(58.5%),"被教师高品质的课堂教学吸引"(50.9%),占比最少的是"主要为了高考"(10.0%)。

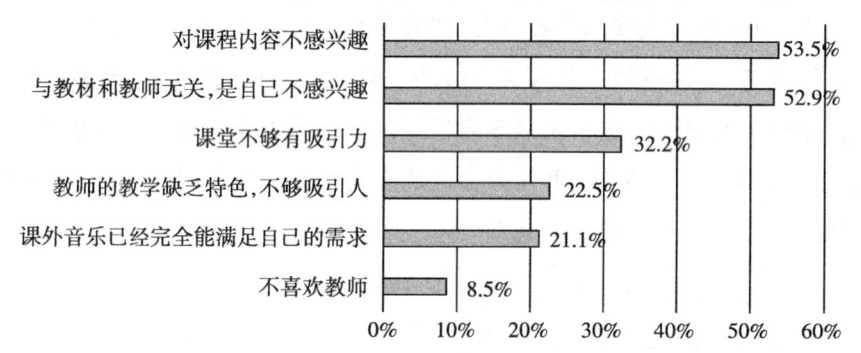

图10 学生不喜爱上音乐课的原因调查

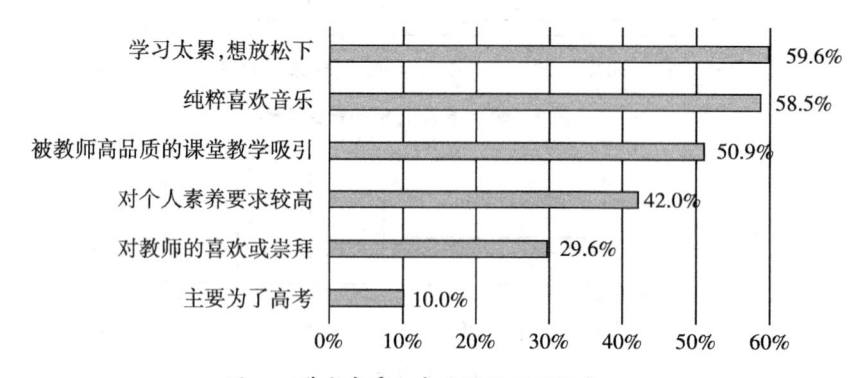

图11 学生喜爱上音乐课的原因调查

由图12可知,受访学生表示他们最喜欢的音乐模块是歌曲演唱(73.9%)。其他喜欢的模块依次为音乐鉴赏(58.0%),器乐演奏(52.0%),音乐创编(45.6%),音乐与舞蹈(41.8%)以及音乐与戏剧表演(41.0%)。由图13可知,学生在学习完音乐课程后,主要的收获是拓展了自己的音乐视野(76.8%),激发了自己对音乐进一步学习的兴趣(66.8%),以及丰富了自身的审美体验(66.3%)。还有学生表示学习音乐也实现了自己对于音乐表演的愿望,树立了自己在音乐上的自信以及培养了自己的创造精神。

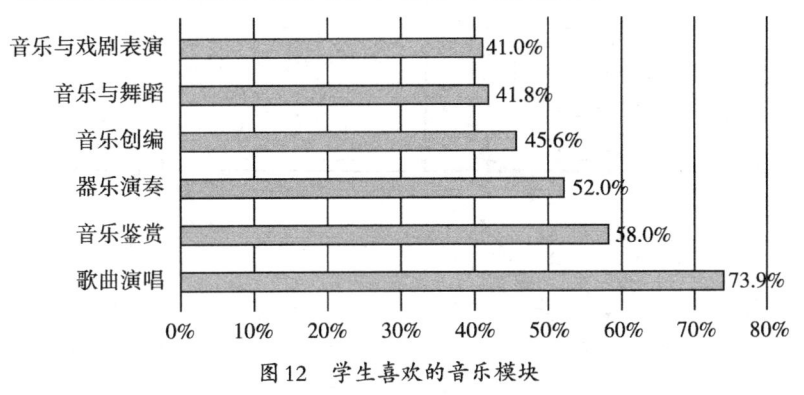

图12　学生喜欢的音乐模块

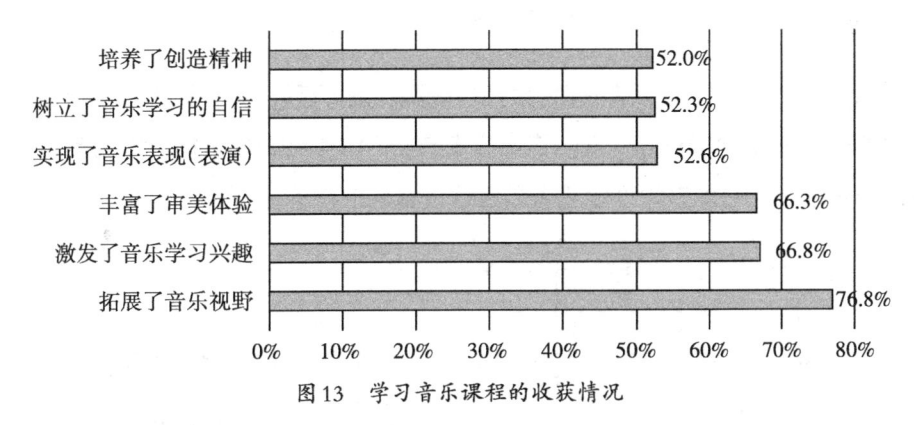

- 音乐与戏剧表演　41.0%
- 音乐与舞蹈　41.8%
- 音乐创编　45.6%
- 器乐演奏　52.0%
- 音乐鉴赏　58.0%
- 歌曲演唱　73.9%

图13　学习音乐课程的收获情况

- 培养了创造精神　52.0%
- 树立了音乐学习的自信　52.3%
- 实现了音乐表现(表演)　52.6%
- 丰富了审美体验　66.3%
- 激发了音乐学习兴趣　66.8%
- 拓展了音乐视野　76.8%

由图14可知,学生喜欢的音乐课堂学习方式以聆听体验为主(74.5%),其次为演奏体验(58.4%)以及律动体验(52.4%)。由图15可知,受访学生表示在实际的音乐课堂上,排名前三的问题:教学内容陈旧(43.4%),缺少音乐实践体验(42.6%)以及应试压力导致的矛盾(33.4%)。由图16可知,课堂不够吸引人、音乐体验形式单一、课堂音乐氛围不浓等是导致学生目前音乐课堂学习效率低下的原因。

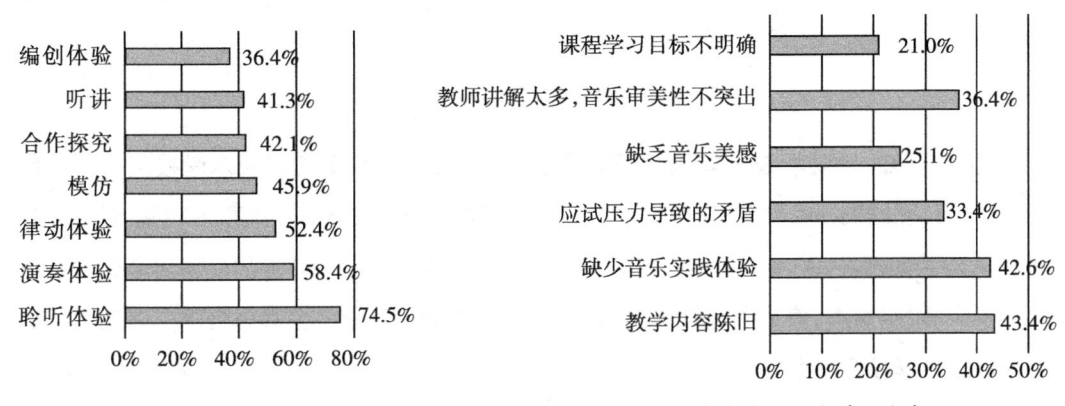

图14　喜欢的音乐课堂学习方式

- 编创体验　36.4%
- 听讲　41.3%
- 合作探究　42.1%
- 模仿　45.9%
- 律动体验　52.4%
- 演奏体验　58.4%
- 聆听体验　74.5%

图15　高中音乐课堂普遍存在的问题

- 课程学习目标不明确　21.0%
- 教师讲解太多,音乐审美性不突出　36.4%
- 缺乏音乐美感　25.1%
- 应试压力导致的矛盾　33.4%
- 缺少音乐实践体验　42.6%
- 教学内容陈旧　43.4%

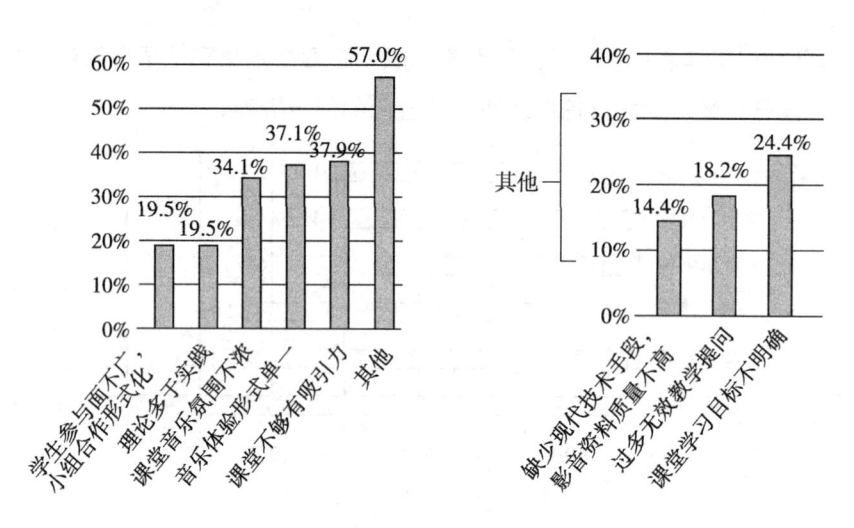

图16 导致音乐课堂学习效率低的原因

由图17可知,针对音乐课堂教学的衍生问题,仅有不到一半的受访者表示他们学校有标准配置的音乐教室(48.6%)以及多媒体设备良好(48.4%),仍有14.9%的受访者表示他们学校的音乐教学没有多媒体设备或者多媒体设备陈旧。

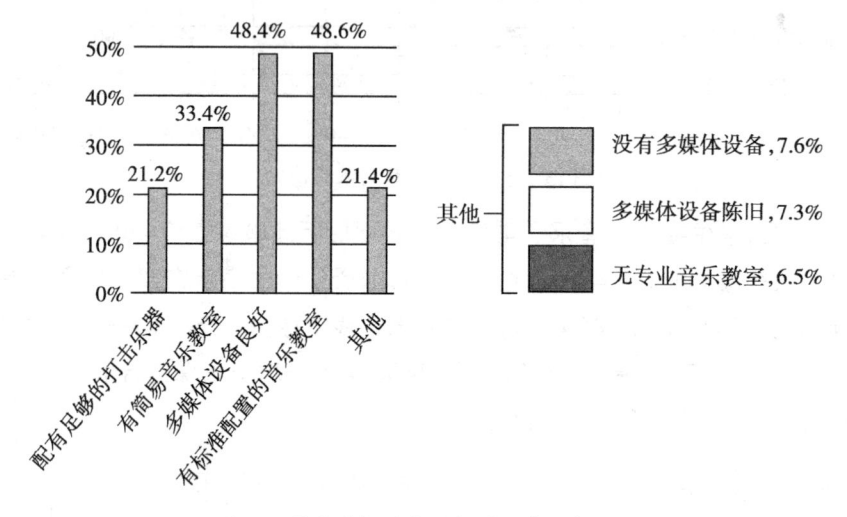

图17 所在学校的音乐教学配套设备设施

由图18可知,针对学校当前的音乐艺术社团情况,大多数受访者表示学校拥有合唱团(78.8%)、舞蹈队(63.9%)以及乐团(中西管弦类、打击类)(43.8%)。由图19可知,针对学校的传统艺术活动情况,83.4%的受访者表示学校会举办艺术节,50.0%的受访者表示学校会举办各类大赛(唱歌类、舞蹈类、器乐类),37.0%的受访者表示学校会举办合唱节以及27.7%的受访者表示学校会举办音乐节。

图18 所在学校的音乐艺术社团

图19 所在学校的传统艺术活动

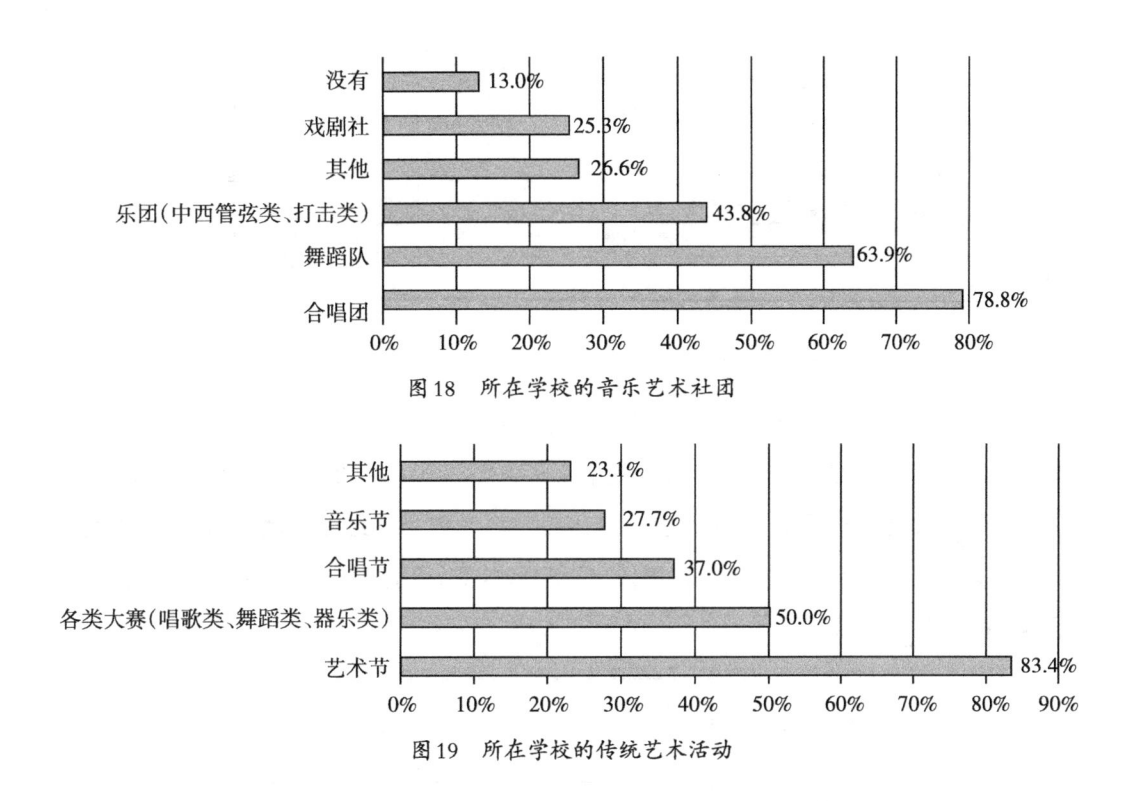

(二)教师卷

由图20可知,本次教师问卷调查面向全省六市的音乐教师,各市参与调研的教师人数是相对持平的,这有利于我们均衡把握六市目前的教师和教学情况。从图21中可以看出目前六市音乐教师的教龄构成,5~10年教龄的教师人数最多。这说明目前大部分教师有一定的教学经验,在开展教育教学研究方面有一定的优势。

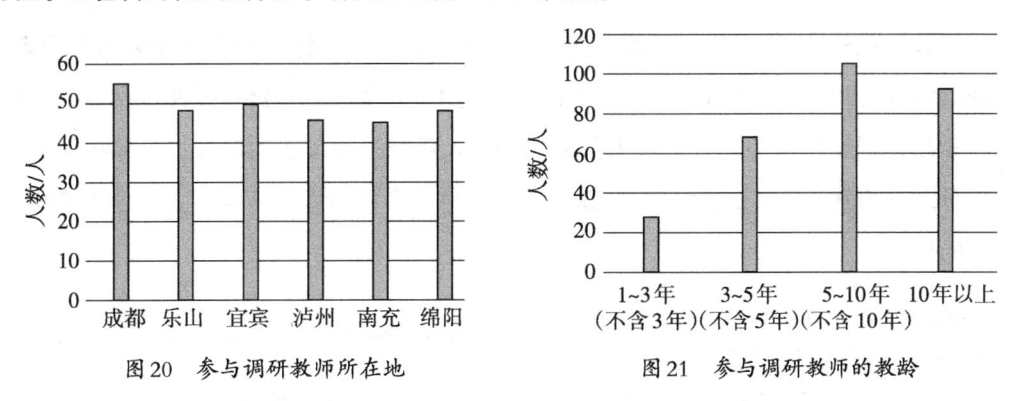

图20 参与调研教师所在地

图21 参与调研教师的教龄

由图22可知,音乐教师的职称评定相对困难,大部分教师处在初级和中级,副高级教师、正高级教师凤毛麟角。从图23中可以看出,教师们参与培训的情况还是比较乐观的,大部分教师都能参与市级培训,不少教师还参与了省(部)级、国家级的培训,说明四川省重视对音乐教师的培训,教师们的学习需求基本能得到满足。

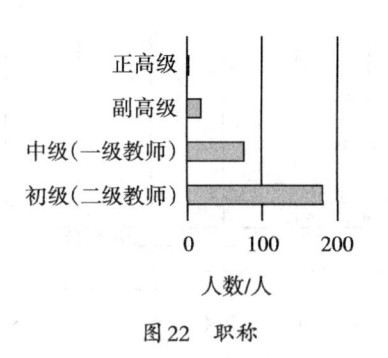

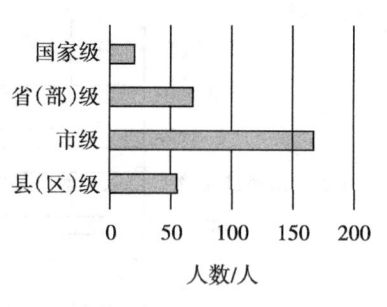

图 22　职称　　　　　　　　　图 23　参加过的最高级别的师资培训

由图 24 可知，目前，省内六市有一半左右的学校硬件设施设备比较齐全，能满足日常教学需要。大约有 10% 的学校设施设备不足，据调查，这些学校主要在偏远地区。调查显示，还有一部分学校有设施设备，但不能满足音乐日常教学要求。经过实地走访，我们发现，这些学校基本拥有供所有学科使用的多媒体、电脑、音响等，但有些缺乏专门的音乐教室，并存在乐器未配全配齐的情况。

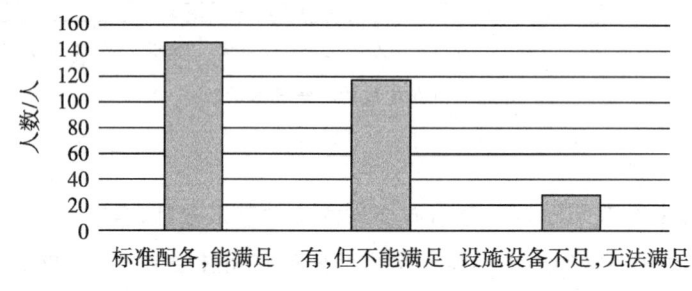

图 24　硬件设施设备能否满足教学要求

就教师们对课程标准的掌握程度而言，我们可以从图 25 中看出，有接近一半的音乐教师基本了解课程标准，但不怎么了解的教师也占了一定比例。绝大部分教师都有意识地了解和熟读课标，但非常熟悉和不怎么了解的教师也不在少数，这导致在授课过程中，有些教师的教学缺乏理论依据和指导性。由图 26 可见，大部分教师在职后都参加过零星学习，只有约四分之一的教师参加过系统培训，说明教师们的教学经验大多来自个人教学的累积，缺乏系统的指导。

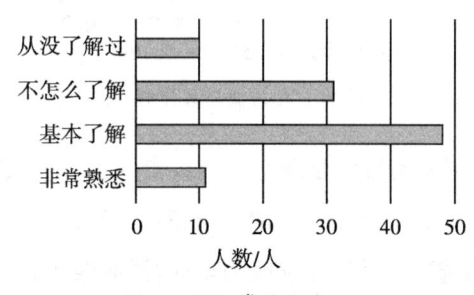

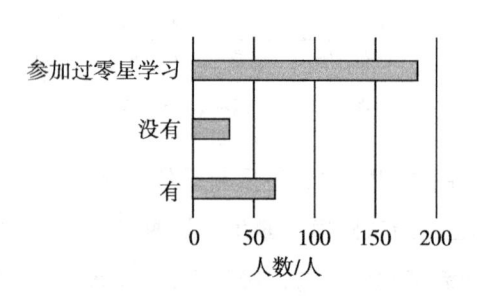

图 25　课标掌握程度　　　　　图 26　教师职后系统培训情况

从图27中，我们可以看出，老师们认为学生不喜欢音乐课的最主要的原因是教师的教学设计缺乏特色，课堂品质不高，不够吸引人。老师们应从自己身上找原因，从此项调查中也可以看出老师们有求新求变的需求和想法。

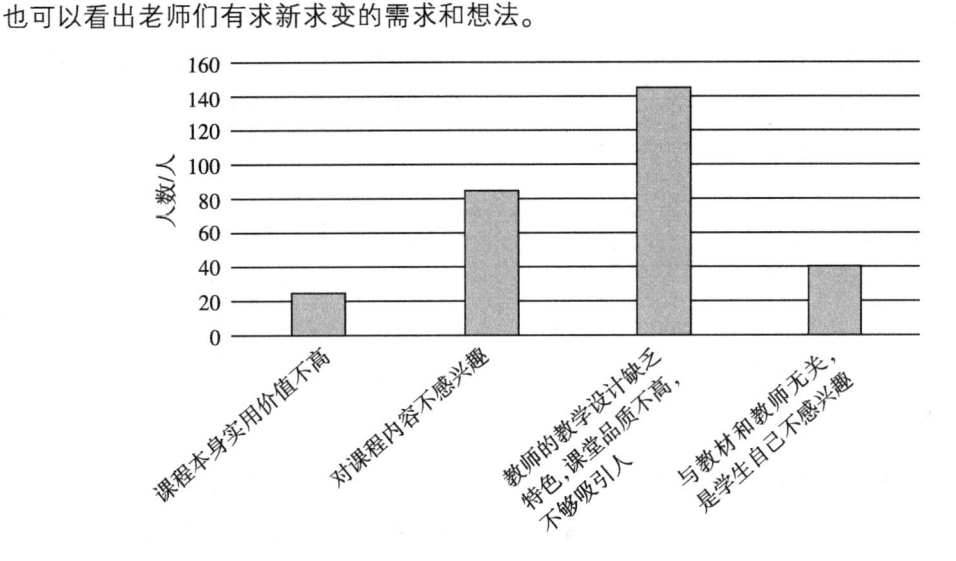

图27　学生不喜欢音乐课的主要原因

关于目前高中音乐教师的专长项目调查，我们可以从图28中了解到，大部分高中音乐老师的专长是声乐、键盘、舞蹈等，专长为器乐、合唱、戏剧表演等项目的老师较少。而高中六大模块选修课程，对老师们自身的专业能力和综合素质有很高的要求，高中音乐教师面临着现学现卖的挑战。在本书中，我们也对此做出了一些探索，提出了一些建议供大家参考。

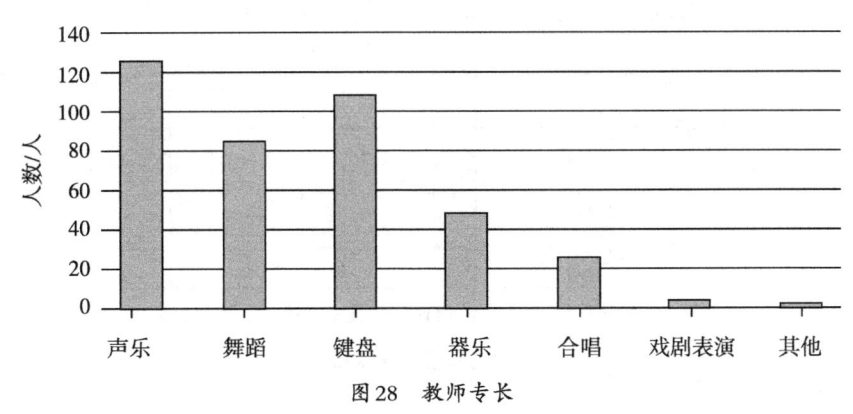

图28　教师专长

在图29中，我们可以看到大部分老师都同意高中音乐课的育人功能主要包括"学习掌握基本的音乐知识与技能""完成德育目标，培养健全人格""推行素质教育，培养艺术情趣"。在图30中，我们可以看到老师们认为学生喜欢音乐课的原因排在第一位的是"教学设计有新意"，排在第二位的是"喜欢音乐"，排在第三位的是"课堂氛围轻松"。教学设计的重要性再一次显现,如何设计决定了我们的课堂如何实施,决定了学生如何参与,老师们对教学设计作用的期待不言而喻。

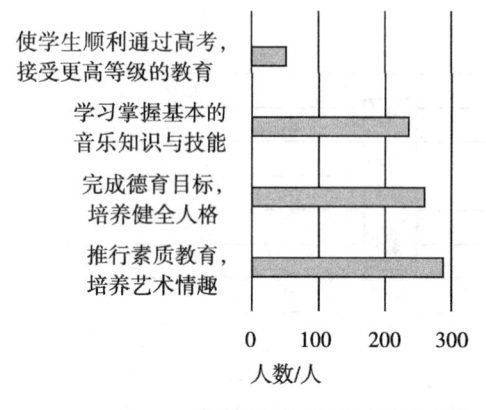

图29　高中音乐课的重要育人功能

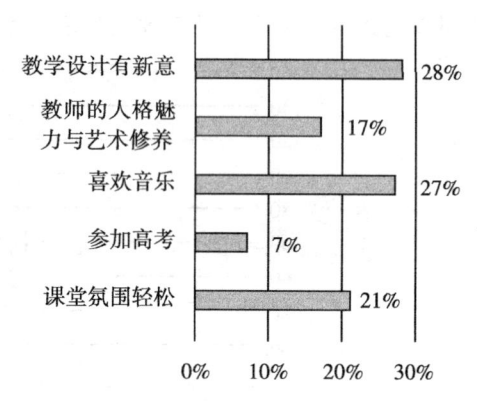

图30　学生喜欢上音乐课的主要原因

关于课堂教学策略的调查(见图31),老师们最为认同的是方法模式,选择技术手段和教学目标的人数相对持平,有一半以上的老师认同教学思想在课堂教学策略中的重要性。方法模式的重要性又一次得到了印证。书山有路勤为径,"教"海无涯"法"作舟。方法是解决问题的钥匙,模式可以降低实施难度,方便大家学以致用。教学目标的设定、教学思想的指导都在老师们的心里占据了重要的地位,这也反映了四川省部分教师对音乐课堂教学策略的认知。

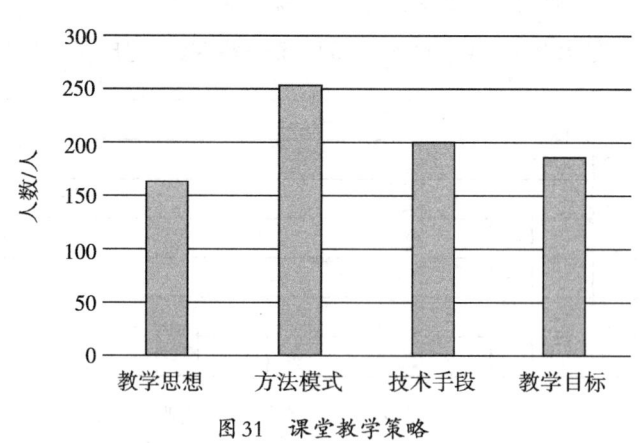

图31　课堂教学策略

在影响音乐课堂教学质量提高的因素一题中(见图32),老师们最有共鸣的三个选项:其一为教学方法单一,缺乏学法指导;其二为教师独白式教学,缺少教学策略;其三为缺乏教学个性,不够吸引学生。"怎样上一堂高中音乐课"以及"除此之外,还可以怎样上",是老师们的追问也是我们想要探索和解决的问题。

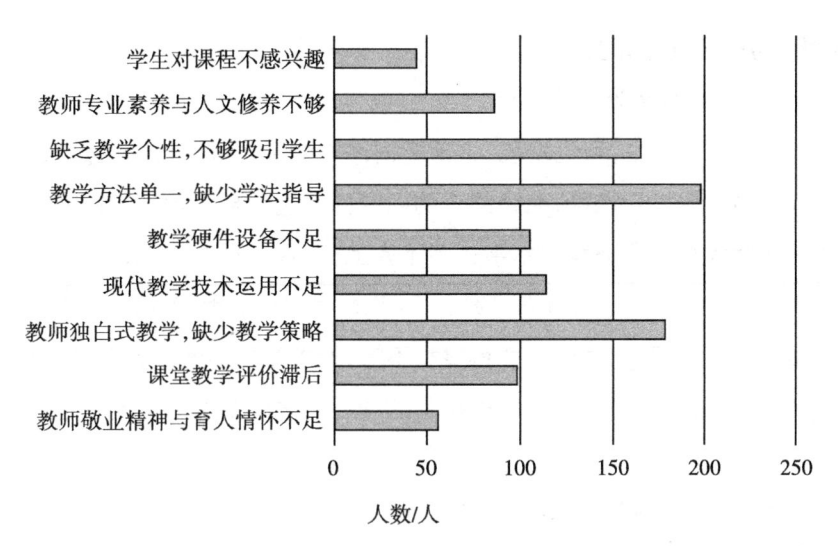

图32　影响音乐课堂教学质量提高的因素

由图33可得,目前老师们认为提高音乐课堂效率的策略排在最前面的是课前教学准备策略,说明"不打无准备的仗"几乎成为全体老师的共识,而过程实施和课堂管理的策略紧随其后,说明老师们在关注教学过程与方法,有约三分之一的老师还选择了课堂评价策略,说明他们已经在关注各方面的反馈和评价。我们认为这是一个利于音乐课堂发展和进步的好迹象。

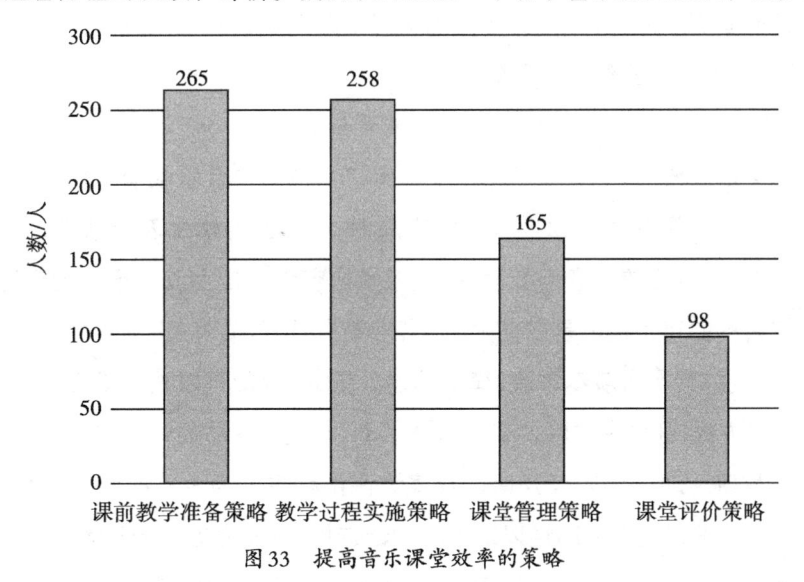

图33　提高音乐课堂效率的策略

四、现状分析和存在的问题

1. 音乐教学师资队伍建设有待强化

走访本次受调查的高中,我们发现:目前省内高中的音乐教师师资力量较为薄弱,例如学生们比较喜欢的音乐综合课程,因为师资的问题并不能完全满足学生的需求。这不仅表现在一线音乐教师的综合业务能力水平良莠不齐上,而且表现在大多数学校并没有专门针对学科核心素养进行相关的音乐教学研究上。同时,我们也发现,各级教育部门对音乐教育提出的要求和目标不够明确,对音乐教育重视不够,许多学校虽然开设了音乐课,但是大多时候并未规范行课,缺乏监管和有力的保障。这些都严重地制约了当地高中的音乐教育的发展与教学水平的提升。

2. 音乐教学设备设施不足,需加大资金投入

本次调研发现,仅有48.6%的学生表示他们学校有标准配置的音乐教室,48.4%的学生表示多媒体设备良好,仍有6.5%的学生表示没有专业的音乐教室,14.9%的学生表示没有多媒体设备或者多媒体设备陈旧。音乐教学设备设施的不足,让教师很难打造出高品质的音乐课堂,使学生在音乐上不能高效学习。

国家提倡素质教育,随着经济稳步发展与教育经费的不断投入,学校也需要进一步重视音乐教学设备的管理与维护,并且在必要的情况下应该联合当地政府部门加大对高中音乐教育的资金投入,完善音乐教学设备设施。

3. 积极开展音乐教研活动,切实提升教学质量与水平

在这次的实地调研活动中,我们深入地了解了六市高中音乐教学的现状。43.4%的学生表示当前高中音乐课堂的问题是教学内容陈旧;42.6%的学生表示缺少音乐实践体验。在当前的音乐教学中,传统的音乐教学模式、教学内容仍然是主流。根据调研结果,我们知道学生们比较喜欢的音乐模块是歌曲演唱、音乐鉴赏、器乐演奏等;喜欢的音乐课堂学习方式以聆听体验为主,其次为演奏体验、律动体验。因此,教师可以根据学生喜欢的音乐模块和音乐课堂学习方式,开展多样性的音乐教研活动,打造高品质的音乐课堂。

目前音乐教研活动主要以公开课以及演说课两种方式为主。教师需结合核心素养教育,吃透教材,积极发挥主观能动性以及合理的创造性,对学生进行音乐教学引导,从而让学生热爱音乐学习并有所启发。在提高音乐教学质量的同时,教师通过与学生的沟通交流了解学生的学习情况以调整教学策略,期望运用多种教学方式达到高品质的音乐课堂效果。

4. 加强音乐社团建设,开展音乐活动,拓展高品质音乐教学思路

调研发现,有13.0%的学生表示学校没有音乐艺术社团。因此,学校还需加强音乐艺术社团及其相关社团的建设。仅有27.7%的学生表示学校的传统艺术活动有音乐节,

37.0%的学生表示有合唱节,这说明学校音乐艺术活动还比较缺乏,学校需要加强此类活动的设计与组织。

　　加强音乐艺术社团建设,开展音乐活动,不仅有利于创造一个良好的、有活力的校园音乐环境,还有利于对高中音乐课堂教学进行补充。学校应大力建设音乐艺术社团及其相关社团,开展各类音乐活动,综合提升学生的音乐素养。

第二章
学科核心素养导向的高中音乐课堂
教学实践探索研究方案

一、研究背景

（一）普通高中音乐新课程凝练音乐学科核心素养，突出"立德树人"的学科贡献

党的二十大指出，要"办好人民满意的教育"，"落实立德树人根本任务"，"发展素质教育"。而美育的沁润是深远又有意义的，其育人功能在培养学生高雅艺术情趣，发展音乐鉴赏能力、表现能力、创造能力，提高音乐文化素养，丰富情感体验，陶冶高尚情操，促进学生全面健康而有个性的发展等方面起着重要作用。

中国学生发展核心素养是党的教育方针的具体化、细化。为建立核心素养与课程教学的内在联系，充分挖掘各学科课程教学对全面贯彻党的教育方针、落实立德树人根本任务、发展素质教育的独特育人价值，各学科基于学科本质凝练了本学科的核心素养，明确了学生学习该学科课程后应达成的正确价值观念、必备品格和关键能力，对知识与技能、过程与方法、情感态度价值观三维目标进行了整合[①]。

美育的重要育人功能表现在培养学生高雅艺术情趣，发展音乐鉴赏能力、表现能力、创造能力，提高音乐文化素养，丰富情感体验，陶冶高尚情操，促进学生全面健康而有个性的发展的重要作用上。音乐是人文学科的一个重要领域，是基础教育阶段的一门必修课。高中音乐课除了秉承人文性、审美性、实践性外，同时还具有思想性、时代性、基础性、选择性和关

[①] 中华人民共和国教育部.普通高中音乐课程标准(2017年版)[M].北京:人民教育出版社,2018:前言4.

联性[①],是学校美育课程的重要组成部分,在培育和践行社会主义核心价值观、落实"立德树人"根本任务的过程中具有独特的学科贡献。

(二)基于学科核心素养,催生普通高中音乐课堂中教、学、评的变革与创新

普通高中音乐课程涵盖六大课程基本理念:彰显美育功能,提升审美情趣;强调音乐实践,开发创造潜能;深化情感体验,突出音乐特点;弘扬民族音乐,理解多元文化;丰富课程选择,满足发展需求;立足核心素养,完善评价机制。在六大课程基本理念中,深层的音乐教育哲学思想以"以美育人"的审美教育哲学观为根基,同时融会贯通了实践主义哲学、文化主义哲学、创造发展哲学及音乐情感美学等科学内核。在新美育背景下,如何转变教师的教育教学理念、改变传统教学模式、探索开发符合实际的课程资源、建构科学的音乐课堂评价体系,让学校音乐教育教学更好地培育和践行社会主义核心价值观、发展学生学科核心素养是当今音乐课程改革面临的主要问题。

"核心素养"理念会生发诸多新的学科教学导向和要求,将会使高中音乐教学从传统的思维方式向新的方向变革,这就需要教师在音乐课堂中进行教、学、评的变革与创新。基于"教"的要求,教师应能引导学生运用知识解决问题;基于"学"的要求,学生应具有提出问题及解释、权衡和判断信息的能力;基于"评"的要求,学生应形成对知识的理解能力,形成思考和推理的能力,形成合作与交流的能力,形成正确的世界观、价值观和艺术观。

(三)省域普通高中学校音乐教学的现状

基于高中音乐课程改革与新时代学校美育背景,普通高中音乐课程在学校课程体系建设中将得到改进,在一些地区和学校的尴尬的生存状态将有所改善。但是,长期以来,在高中学校办学目标和育人思想狭隘化的影响下,部分学校的音乐教学受硬件保障不到位、课程建设滞后、缺乏有效评价等因素影响,存在课堂教学不成体系、教学质量良莠不齐、课程建设缺位等问题,这种现象的长期存在将严重影响音乐教学改革落地,影响音乐学科在落实"立德树人"根本任务的过程中的学科贡献。

为此,我们拟以学科核心素养为导向,以四川省中学音乐名教师(陈双)鼎兴工作室为平台,以普通高中音乐课堂为阵地,从高中音乐课堂的课程建设、教学理念、教学路径、教学方法、教学模式、教学评价、教学保障等方面开展普通高中音乐课堂教学策略实践研究,以推动我省高中音乐课堂教学实现更好的发展,促进学校美育工作不断加强与改进。

本研究将在认真梳理已有研究成果的基础上,进行有效的调查与研讨分析,采用理论与实践相结合的探究模式,以期不断提升中学音乐教师教育教学的能力和水平,开发丰富的课程资源,创新高中音乐学科教学模式,建构适合普通高中音乐课堂教学的策略体系。同时,

---

① 中华人民共和国教育部.普通高中音乐课程标准(2017年版)[M].北京:人民教育出版社,2018:1.

高中音乐课堂教学以常规课堂为主要途径实现从有效到高效的转变,追求从有品质到高品质的发展,推动课程改革不断深化,以此培育和发展学生的音乐学科核心素养,落实立德树人根本任务。

二、相关文献综述

(一)关于核心素养

1.国外相关研究

当前,国外关于"核心素养"的研究主要集中在其内涵、特征、结构与功能、课程改革等方面。

亚太经济合作组织对核心素养的研究起步比较早,自2003年发布报告《为了成功人生和健全社会的核心素养》后,在对核心素养内涵进行界定时采取了尽可能明确、言之成理、科学上可接受的原则,将以人为本、持续发展作为其核心价值,不但期待个体具有适应性,而且期待个体具备创新性、创造性,能够自我导向并自我激励,形成"使用工具进行沟通的能力""在异质集体交流的能力""自律地行动的能力"三类核心素养[①]。2012年3月亚太经济合作组织发布了一份题为《为21世纪培育教师提高学校领导力:来自世界的经验》的研究报告。该报告明确指出21世纪学生必须掌握四个方面的核心技能:(1)思维方式,即创造性、批判性思维,问题解决能力、决策能力和学习能力;(2)工作方式,即沟通和合作能力;(3)工作工具,即信息技术和信息处理能力;(4)生活技能,即公民素养、生活和职业能力以及个人责任和社会责任。

面对时代的变迁,欧盟认为核心素养是所有个体达成自我实现和发展、成为主动的公民、融入社会和成功就业所需要的那些素养[②],并提出八大素养,涵盖了母语、外语、数学与科学技术、信息素养、学会学习、社会与公民素养、创业精神等文化素养[③]。

美国目前在各州推行实施的"共同核心州立标准"也将21世纪技能融入其中,不仅保留了传统的数学、英语、艺术、外语等核心课程,而且立足学生解决现实生活问题的需求,特意增添了全球意识、公民素养、理财素养、环保素养、健康素养这五个议题。但针对这些素养的教学活动并不是以独立学科存在,而是融入核心科目中,每一项素养的落实都依赖于核心学

---

① 田中义隆.21世纪型能力与各国的教育实践[M].东京:明石书店,2015:20.转引自钟启泉.基于核心素养的课程发展:挑战与课题[J].全球教育展望,2016(1):4.
② GORDON,et al. Key competences in Europe:Opening doors for lifelong learners across the school curriculum and teacher education[M].Warsaw:Center for Social and Economic Research,2009:244.
③ 裴新宁,刘新阳.为21世纪重建教育——欧盟"核心素养"框架的确立[J].全球教育展望,2013(12):97-99.

科知识的发展和学生的理解[1]。美国学者认为,21世纪的知识和技能应该围绕着21世纪的主题与核心课程展开,主要包括几个模块:学习与创新技能、生活与职业技能、信息技术素养等[2]。美国哈佛大学教育学院赖莫斯教授认为,21世纪核心技能包括三大部分,即自我技能、认知技能和人际技能。其中,自我技能包括好奇心、开放灵活、积极主动、自我效能、坚持不懈等;认知技能包括知识、逻辑推理、批判性思维、分析、解释、问题解决、决策、执行功能和创造力等;人际技能包括共情、沟通、信任、协商、团队合作、服务导向、解决冲突、人际互动和领导力[3]。

2001年,俄罗斯联邦教育部普通教育内容更新战略委员会组织编制了《普通教育内容现代化战略》。战略中指出核心素养包括日常生活、认知素养、公民团体、文化休闲和社会劳动素养等五个方面[4]。

2013年,日本国立教育研究所提出了"21世纪型能力"结构,构建了以"思考力"为核心,"基础力"(语言力、数理力、信息力)为支撑,"实践力"为重点的三层能力结构[5]。

新加坡的核心素养结构由内到外共包含三部分内容,即核心价值、社交及情商能力以及新21世纪技能[6]。

2. 国内相关研究

台湾学者认为,"核心素养"强调以人为本,目标是培育终身学习者与健全民众,主要包括自主行动力、沟通互动力、社会参与力三方面,身心素质、道德实践、人际关系、系统思考、规划执行、艺术涵养、多元文化、符号运用、科技资讯等九项内容[7]。

香港地区在《学会学习——课程发展路向》报告书中指出,"课程架构"由态度和价值观、共通能力和学习领域三个互相联系的部分组成[8]。

杭州师范大学教育科学研究院张华教授认为"核心素养"是一种在具体情境中应用知识技能解决问题的"高级能力"和"人性能力",是从"基本技能"中发展起来并有所超越的能力;它的意义在于创造性和交往能力,具有时代性、综合性、跨领域性与复杂性[9]。北京师范大学

---

[1] 黄彬.职业教育与高等教育完善:新挑战、新思路和新特征[J].湖北社会科学,2014(12):174-177.

[2] 牟智佳,张文兰.中美信息技术与课程整合项目的比较及启示[J].基础教育,2014,11(6):35-44.

[3] 陈立钢.课程导向的数字化服务学习设计研究[D].徐州:江苏师范大学,2012.

[4] 刘霞云,卢志刚."核心素养"研究现状及可开拓空间的文献综述[J].湖南第一师范学院学报,2017,17(5):34-35.

[5] 罗朝猛.21世纪型能力:"核心素养"的日本表达[J].教书育人,2017(8):37-38.

[6] 刘霞云,卢志刚."核心素养"研究现状及可开拓空间的文献综述[J].湖南第一师范学院学报,2017(5):35.

[7] 蔡清田.台湾十二年国民基本教育课程改革的核心素养[J].上海教育科研,2015(4):6.

[8] 刘淼,纪秀君.探索·借鉴·提高——论国外及港台地区的语文研究性学习[J].中学语文教学,2003(7):58-60.

[9] 张华.论核心素养的内涵[J].全球教育展望,2016(4):10-24.

发展心理研究所刘霞等人通过问卷调查、个别访谈等形式对"核心素养"相关问题进行了实证调查,通过分析,刘霞等人认为不同领域人士提到的素养指标主要涉及健康与安全、知识基础、学习与发展、与人交往、公民意识五个方面,基本反映了我国当前社会所需要的、最富社会适应性和竞争力的个体所应具有的核心素养[①]。北京师范大学辛涛对我国学生"核心素养"理论框架进行了构建,他认为,"核心素养"的最终目标必须以"全面发展的人"为根本出发点和最终归宿点[②]。2016年9月,中国学生发展核心素养研究成果《中国学生发展核心素养》发布,明确提出学生发展核心素养,是指学生应具备的、能够适应终身发展和社会发展需要的必备品格和关键能力,分为文化基础、自主发展、社会参与三个维度,综合表现为人文底蕴、科学精神、学会学习、健康生活、责任担当、实践创新等六大素养[③]。

(二)关于核心素养的课程改革研究

1. 国外相关研究

从学校教育的层面上来讲,核心素养就是一个教学目标。怎么做才能将核心素养从教育理念和导向推广落实到具体的教育教学活动中,进一步体现其育人功能与价值是各国都在积极探讨的问题。受联合国教科文组织、经济合作与发展组织等国际组织的影响,新西兰、法国、芬兰等国较早地启动了以核心素养为基础的课程改革。法国在2006年正式通过并颁布了《共同基础法令》,以教育法的形式将核心素养指标融入了课程目标之中。美国的21世纪技能通过"共同核心州立标准"发挥着国家课程标准的作用[④]。

英国发布的《21世纪核心素养——实现潜力》从国家战略的高度确立了发展关键技能的基本目标,并将关键能力在国家教育体系,特别是在课程层面,进行转换,陆续推出了《英国国家课程:KS 1—4框架》《英国国家课程:小学阶段课程》《英国国家课程:中学阶段课程》[⑤]。从课程结构的视角来看,以核心素养为本的英国课程改革主要立足于科目结构、学段结构、学习机会结构、课程权力结构四个范畴,特别关注整体设计,依据学段,一以贯之地设计课程体系、设定能力目标、分配课时、调整权力结构[⑥]。

新西兰在2007年颁布了基于核心素养的《新西兰课程》,在科学学习领域,强调依托具

---

① 刘霞,胡清芬,刘艳,等.我国学生发展核心素养的实证调查[J].中国教育学刊,2016(6):15-22.

② 辛涛,姜宇.全球视域下学生核心素养模型的构建[J].人民教育,2015(9):54-58.

③ 核心素养研究课题组.中国学生发展核心素养[J].中国教育学刊,2016(10):1.

④ 张传燧,邹群霞.学生核心素养及其培养的国际比较研究[J].课程·教材·教法,2017,37(3):37-44.

⑤ Department for Education. The national curriculum in England Framework document [EB/OL]. (2014-07-29)[2019-03-21].https://dera.ioe.ac.uk//id/eprint/20511.

⑥ 李凯.走向核心素养为本的英国基础教育课程改革——一种课程结构视角的评述[J].外国教育研究,2018,45(9):80-91.

体知识内容发展学生的核心素养和理解科学、科学探究、科学交流、参与和贡献四大学科素养。在实践中学校通过设置课程、开展探究教学与科学实践项目、加强与校外科学团体的合作、探索电子学习环境下的新式学习等路径发展学生的核心素养[1]。到目前为止,新西兰新课程已经实施多年。2016年的一份调查报告显示,学校内部对课程改革的认识逐渐加深,在开发多样化的课程、合作探究教学、为学生提供自主参与的机会、加强与社区和学生家长的交流等方面都取得了一定成果;然而报告同时指出,学校在发展学生核心素养方面没有取得太大进展[2]。

加拿大政府以构建未来公民所应具备的关键能力为宗旨,提出了21世纪核心素养的框架,并且利用STSE(Science、Technology、Society、Environment的缩写,即科学、技术、社会、环境)进行跨学科的整合式教育,将核心素养的理念细化、分解并融入到各省中小学的课程改革与教学实践中[3]。STSE是在STS(即科学、技术、社会)课程的基础上提出来的,其课程模式的设计体现了整合式教育的思路,"在课程统整中,计划始于一中心主题,然后借由确认与此一主题或活动相关的大观念或概念,展开课程的设计"[4]。

新加坡21世纪的核心素养课程改革体现在培养目标、学制系统、课程设置三个方面。2009年,新加坡发布《理想的教育成果》,提出了培养充满自信的人、主动学习的人、能做出贡献的人和心系祖国的人四个目标,并根据设置的目标又制定了其核心素养——《21世纪技能》,要求21世纪的新加坡公民一定要具备核心价值观、社会交往与情绪管理能力和21世纪竞争力三大板块的素养;以"分流"和"融通"为特色,形成一个"条条大道通罗马"的学制系统;设置生活技能类、学习技能类、学科知识类三大课程领域[5]。

2. 国内相关研究

国内一些学者对基于"核心素养"的教学改革也进行了大量实践研究。如钟启泉从如何把握课程整体结构到课程单元设计,再到学习评价,论述了当前基于核心素养的课程发展路径[6]。喻平基于核心素养诉求,提出了核心素养的三级教学目标,即知识理解、知识迁移、知

---

[1] 王俊民.新西兰基于核心素养的科学课程变革:课程构建、实施路径与挑战[J].外国教育研究,2017,44(6):118-128.
[2] WYLIE C,BONNE L.Secondary schools in 2015:Findings from the NZCER national survey[R].Wellington:New Zealand Council for Educational Research,2016.
[3] 杨春洪,吴慧平.基于核心素养培养的加拿大STSE课程模式的审视[J].外国中小学教育,2019(5):20-25.
[4] BEANE JA.课程统整[M].单文经,译.上海:华东师范大学出版社,2003:15.
[5] 顾秀林,丁念金.核心素养导向的课程改革——新加坡基础教育改革刍议[J].外国中小学教育,2017(4):68-75.
[6] 钟启泉.基于核心素养的课程发展:挑战与课题[J].全球教育展望,2016(1):3-24.

识创新,并阐述了实现该教学目标的教学方法①。窦桂梅等人开展了基于学生发展素养的"1+X课程"研究,通过这个研究整合了国家课程,创造了适合的校本课程,逐步形成了一套具有创新性的、符合清华附小学生发展需要的"1+X课程"体系②。夏雪梅以学生的核心素养和课程的关联性为标准,把某学校的课程划分为6类,对该学校的课程改革进行了干预研究③。朱向峰以江苏省教育厅项目"蒲公英课程"为基础,采用大数据的实证研究方式,探讨如何进行基于"核心素养"的教学改革④。

(三)关于音乐学科核心素养的教学策略研究

1. 国外相关研究

国外,特别是发达国家和地区非常重视音乐学习对人发展的重要作用。他们认为,一方面,音乐学习是促进学生发展的一个重要路径,要注重培养学生的艺术审美能力,注重在音乐艺术的大范畴下,使各个级别和类型的音乐课程相辅相成。另一方面,学校结合国家课程、校本课程、校外社会艺术资源,完成对学生音乐素养的全面提升。学校把欣赏、演唱、演奏、舞蹈有机结合起来建构音乐常规课程;把乐器学习、乐队合奏、合唱等作为重要艺术实践课程,供学生自主选修;除此以外,学校还提供参观艺术馆和博物馆、聆听音乐会和观看音乐剧等艺术拓展课程。课内和课外交融,学校和社会互补,全面营造提升学生音乐学科核心素养的氛围。

尹爱青在《音乐课程与教学论》一书中对国外三大著名音乐教育法的教学策略进行了精练的概括。在人体动作中找到对节奏模式的精确体验,在动作的变换中和速度的变化中获得对速度、力度的准确理解,这即是达尔克罗兹的"体态律动学"。奥尔夫通过游戏、即兴奏乐的方式让儿童主动参与音乐活动,通过表演的形式自然而有乐感地表露自己的情感,通过语言、动作和音乐全面有机的结合,学会和掌握音乐,提高音乐素质。柯达伊主要以歌唱的方式进行教学,将所有的音乐知识与常识以及音乐上的听唱读写能力完全融入一般的教学活动中⑤。

以上三种音乐教学法的共通点在于都强调学生的主体性与主动性,解放学生,让学生在良好的音乐学习参与过程中完成学习,特别强调学习过程的参与性。三大音乐教学法影响广泛而深远,大家都认同其中各有侧重的体态律动教学,歌唱教学,元素性、综合性教学,这些教学法被广泛运用于当代音乐教学策略体系中,也给普通高中音乐新课程的模块教学带来了更多的启发。

---

① 喻平.发展学生学科核心素养的教学目标与策略[J].课程·教材·教法,2017,37(1):48-53.
② 窦桂梅,胡兰."1+X课程"与学生发展核心素养[J].人民教育,2015(13):13-16.
③ 夏雪梅.基于学生核心素养的学校课程建设:水平划分与干预实例[J].课程·教材·教法,2013,33(7):11-16.
④ 朱向峰.从蒲公英课程走向核心素养培育[J].江苏教育研究,2016(Z1):86-90.
⑤ 尹爱青.音乐课程与教学论[M].长春:东北师范大学出版社,2006:164-173.

2.国内相关研究

从2001年《全日制义务教育音乐课程标准(实验稿)》到2011年《全日制义务教育音乐课程标准》正式发布,从2003年教育部印发《普通高中课程方案(实验)》和《普通高中音乐课程标准(实验)》到2017年《普通高中音乐课程标准(2017年版)》正式发布,我国的音乐教育进入了新的课程改革阶段。近20年间,全国各地学校、教研机构对学校音乐教学展开了诸多的理论与实践探究。

杜宏斌说学科核心素养带有鲜明的学科特色和本质属性,是学生发展核心素养在特定学科(学习)领域的具体化。针对核心素养背景下的音乐学科教学策略,他主张从立足音乐表现特征、强调音乐实践活动、置身音乐文化语境三个方面逐步培育学生的审美感知素养、艺术表现素养、文化理解素养。三个方面的核心素养是紧密关联、相辅相成、交叉融合的,不是割裂、独立存在的。因此,在音乐教学中,教师应该关注学生在这三个方面的核心素养的培育与发展[1][2]。

桑彩虹提出通过音乐教学实践活动,着力培养和发展学生审美感知、艺术表现和文化理解三方面的音乐学科核心素养,使音乐学科核心素养贯穿于音乐教学的每一个环节,以丰富多彩的课堂教学形式,灵活、多样的教学手段,恰当的教学策略,促进学生音乐学科核心素养的提升[3]。

曾群借鉴奥尔夫音乐教育理念,在高中音乐课堂教学中遵循"从感性到理性"的认知规律,将复杂知识"简约化"、抽象知识"形象化",利用思维与手段的"多样性",将音乐看作一种实践活动[4]。这些教学策略对学生音乐学科核心素养的培养起到了一定的作用。

张燕提出在教学中引入微课,不仅可以满足学生学习的需要,还能弥补教师的不足之处,对创建高质量的课堂具有较大的促进作用[5]。

牛琴、刘晓娟认为在高中音乐鉴赏教学中,教师如何引导学生由感性体验上升到理性分析至关重要。在选择教学手段和方式时,考虑到高中学生的心理特点,教师应选择与学生年龄相符合的,并且带有具体的指向性和目的性的活动[6]。

韦德秀提出反思性教学是将教师学会教学和学生学会学习相结合,不仅强调教师要成

---

[1] 杜宏斌.聚焦学科核心素养,践行课标新理念(上)——如何在教学中培育与发展音乐学科核心素养[J].中国音乐教育,2018(5):4-7.
[2] 杜宏斌.聚焦学科核心素养,践行课标新理念(下)——如何在教学中培育与发展音乐学科核心素养[J].中国音乐教育,2018(6):4-7.
[3] 桑彩虹.浅谈高中音乐学科核心素养下的音乐教学实施策略[J].北方音乐,2019,39(24):140-141.
[4] 曾群.奥尔夫教学法在高中音乐鉴赏课中的应用[J].课程教育研究,2018(28):201.
[5] 张燕.高中音乐课程微课教学实践探索[J].新课程教学(电子版),2020(13):128.
[6] 牛琴,刘晓娟.基于高中音乐学科核心素养的中华优秀传统文化教学实践与反思——以川江号子为例[J].中国音乐教育,2020(5):16.

为学者型教师,还强调学生在参与音乐教学实践的过程中能力的形成。反思性教学的目的是促进教学目标、教学内容、教学方式、学习方法以及师生关系等方面的根本转型,从而为推进音乐课堂教学改革提供一种新的选择,不断提升音乐教学实践的合理性。教师通过转变育人模式,才能实现当前教育从知识本位到育人本位的重大转向,注重培养学生音乐学科核心素养,注重高中音乐反思性教学的理论建构,注重基于核心素养的反思性教学认知,注重高中音乐学科教学育人模式的现代性,注重学生反思能力、探究能力、批判能力的培养,注重音乐教学中的审美鉴赏与创造以及文化理解,从而推进高中音乐教学改革,这些做法契合了音乐学科核心素养的应有之义[①]。

(四)本研究的意义

通过梳理文献资料,我们发现国内外对"学科核心素养"的理论研究相当丰富,而基于核心素养的课程实践大多处于摸索阶段,针对音乐学科核心素养的教学实践主要涉及音乐鉴赏领域,其他模块的教学实践研究并不多,本研究正好丰富了音乐学科核心素养导向的高中音乐课堂模块教学实践研究内容。

普通高中音乐课堂教学要以音乐学科核心素养为导向,立足课程育人价值,依据课程标准,明确课程目标,构建全面的课程体系,创新教学内容与教学策略,转变传统教学观念,紧扣审美感知、艺术表现与文化理解的教学目标,发展学生音乐学科核心素养,促进素质教育的发展,落实立德树人的根本任务。学科核心素养导向的高中音乐课堂教学实践探索的意义在于:

(1)学科核心素养导向的高中音乐课堂教学实践探索有利于推进区域高中学校音乐课程改革。

(2)学科核心素养导向的高中音乐课堂教学实践探索有利于发展学生学科核心素养。

(3)学科核心素养导向的高中音乐课堂教学实践探索有利于加强学校音乐课程资源建设。

(4)学科核心素养导向的高中音乐课堂教学实践探索有利于促进学校音乐教学保障建设。

(5)学科核心素养导向的高中音乐课堂教学实践探索有利于促进音乐教师高品质发展。

三、理论依据

(一)审美教育理论

音乐审美教育哲学实际上是一种建立在音乐欣赏教学基础上的哲学,强调音乐教育的

[①] 韦德秀.核心素养视角下的高中音乐反思性教学实践研究[D].西安:陕西师范大学,2019.

主要任务就是培养学生的审美感受能力。狭义地讲音乐审美教育哲学是通过艺术手段对人们进行教育的,广义地讲是运用自然界、社会生活、物质产品与精神产品中一切美的形式给人们以潜移默化的教育,以达到美化人们心灵、行为、语言、体态,提高人们道德与智慧水平的目的。在中国近代,一些学者和教育家也很重视美育问题,如蔡元培继承中西美育传统主张,曾就美育实施问题大声疾呼。在西方,席勒的美育思想有划时代的意义。他在《美育书简》中想要证明,解决社会问题的主要途径是审美教育,他把人性的全面和谐发展当作他的审美理想,想通过美育来变革社会,达到人的解放的目的。按他的看法,审美活动能为人的智力生活提供高尚情操,使人不知不觉地接受道德观念。之后又有德国艺术教育家朗格和H.闵斯特伯格,美国美学家门罗和英国美学家H.里德,相继提倡学校与社会的艺术教育,并进一步开展审美教育理论的研究。苏联的美学理论与教育理论也把审美教育放在重要地位。在许多国家,审美教育已成为国民教育的组成部分。

(二)实践主义哲学

音乐教育的实践主义哲学是美国近几十年来兴起的一种哲学,已逐渐成为美国音乐教育的主导哲学。鲍曼教授是音乐教育实践哲学的有力倡导者之一,也是讨论实践哲学的"五月天"团体的重要成员。与另外一位重要倡导者埃里奥特相比,他的思想更接近后现代哲学的新实用主义部分,因此在学术的思考上更加前沿,也更为贴近当代哲学发展的背景。罗蒂是试图引发一场现代西方哲学,甚至整个西方文化的根本性变革从而赋予它以崭新面目的极少数哲学家之一。在鲍曼教授的文论中我们也同样发现,社会转型、哲学转型、实践哲学(有思想的有伦理目的的实践行动)、后现代性以及文化多样性与音乐教育的关系等研究是对原有现代性审美主义音乐教育的一种全新的转换或跨越。

(三)多元文化主义

多元文化主义的重要理论家C.W.沃特森在其著作《多元文化主义》中提出:多元文化主义是文化观、历史观、教育理念、公共政策的融合。其认为,不同民族之间的文化不存在优劣高下之分。多元文化主义的核心是承认文化的多样性和文化之间的平等及相互影响。

(四)音乐情感美学

黑格尔的音乐美学体现在他"绝对精神"的哲学理念中,他的"精神哲学"建立在德国古典哲学的基石之上,从哲学、宗教、伦理等角度阐述论证"绝对精神"(绝对理念)的主导作用。音乐作为意志的体现,也是"绝对精神"的表现途径。作为一位哲学家,黑格尔关注的是音乐所体现的内容,音乐的价值在于它所包含的人的"精神"或"内心",而这种"精神"或"内心"在心理作用下表现出来的就是平时所见的各种"情感""情绪"。

四、研究的意义

（一）践行社会主义核心价值观，落实立德树人根本任务

党的十八大报告提出把立德树人作为教育的根本任务，培养德智体美全面发展的社会主义建设者和接班人。音乐课堂教学是学校实施美育教育的重要途径之一，是新时代全面加强和改进学校美育工作的重要内容，是践行社会主义核心价值观、贯彻国家教育方针和落实立德树人根本任务的关键所在。

（二）充分彰显课程育人功能，培养学生的音乐学科核心素养

普通高中音乐课程具有鲜明的大众性和普及性，是面向全体学生的一门必修课。学生通过音乐课程学习，参与各类艺术实践活动，培养和发展音乐听赏、表现与编创能力，保持并增进对音乐的持久兴趣。学生通过对音乐艺术魅力的体验和感悟，陶冶情操，涵养美感，和谐身心，健全人格，活跃思维，启迪智慧，激发创意表达，理解文化内涵，拓宽国际视野。所以音乐课堂教学应彰显课程育人功能，培育和发展学生在审美感知、艺术表现和文化理解三方面的音乐学科核心素养。

（三）加强专项研修，提升教师的专业发展水平

教师的专业素养是保障教育教学质量的前提和关键。本课题以常规课堂教学为主要途径，聚焦歌唱、欣赏、演奏、识读乐谱、音乐与相关文化领域的研究，通过课堂教学研究、理论学习、专业技能提升培训的方式，使教师在专业理论、专业技能、教学经验、教学方法、科研能力等方面达到一定水准，将在一定程度上改变教师的教育教学理念，提升教师的教育教学能力，促进教师专业化发展。

（四）促进观念改变，提供教学策略，帮助音乐教师教学工作顺利开展

通过本课题研究，我们可以有效调动教师主动参与课程改革实践的积极性，促进教师观念转变，进一步落实"立德树人"根本任务，提升教师对音乐学科育人价值的认识，在实践中优化教师教学方法，创新课堂教学模式，提升教师的教育教学能力，实现师生的良性互动与课堂中学生的主动参与，让学生在审美感知、艺术表现和文化理解三方面的学习过程中得到启发和提升，促进音乐学科教学质量的提升。

五、核心概念界定

学科核心素养：学科核心素养是学科育人价值的集中体现，是学生通过学科学习而逐步形成的正确价值观念、必备品格和关键能力。音乐学科核心素养主要包括审美感知、艺术表现、文化理解三个方面。

高中音乐课堂：高中包括普通高中、普通中专、成人中专、职业高中、技工学校，本课题所

研究的高中音乐课堂是普通高级中学面向全体学生开设的课堂。其教学内容主要包括《普通高中音乐课程标准(2017年版)》(以下简称《课标》)规定的音乐鉴赏、歌唱、演奏、音乐编创、音乐与舞蹈、音乐与戏剧六个模块,为必修课程;还有合唱、合奏、舞蹈表演、戏剧表演、音乐基础理论、视唱练耳六个模块,为选择性必修课程。

教学实践:教学实践是指教师在一定教学思想和教学策略的引领下,依据《课标》要求,在对教材、学生进行充分分析的基础上设计相应的教学目标、教学重难点,选择合理的教学方法,利用或开发课程教学资源,按照一定的教学模式与程序组织学生进行学习的行为过程。本课题拟在学科核心素养导向下,从教学理念、教学路径、教学方法、教学模式、教学评价、教学保障六个维度来进行高中音乐课堂教学实践。

六、研究的目标和内容

(一)研究目标

(1)通过音乐学科教学路径的实践探索,构建符合普通高中音乐课堂教学的策略体系。

(2)通过课题的研究,提升教师的专业素养和教育教学能力,促使学校加强和改进美育工作,协助学校落实立德树人根本任务。

(二)研究内容

(1)全面调查、了解、把握省域内普通高中音乐课堂教育教学现状。

(2)普通高中音乐校本课程体系建构。

(3)基于普通高中音乐模块课程的教学实践。

(4)普通高中音乐教学保障策略研究。

(5)学科核心素养导向的普通高中音乐课堂教学评价体系研究。

七、研究对象及方法

(一)研究对象

本课题的研究对象为四川省中学音乐名教师(陈双)鼎兴工作室(含子工作室)成员及其所在区域(学校)的普通高中学生。

(二)研究方法

(1)文献法。针对学科核心素养和音乐学科课堂教学质量评价的理念、标准、评价体系等内容,通过对课程标准、相关著作、权威报刊等进行查阅、整理、分析,得出相关研究的最新成果,形成系统的文献综述,充分认识和把握该课题的已有研究。

(2)行为研究法。基于学科核心素养导向的音乐课堂教学实践,开展理论学习、实践探索、案例分析和技能提升培训，在课堂上反复实践、验证、评价、修改已有的课堂模式和学习方案，形成一定的教学策略。这是一个不断解决问题和产生新问题的循环往复的深入探究过程。

（3）经验总结法。结合高中音乐课堂教学实践的过程性研究，归纳与分析教学理念、教学路径、教学方法、教学模式、教学评价、教学保障策略，提炼与推广研究成果。

八、研究的基本思路与措施

（一）研究思路

该研究是一项以省域普通高中音乐课堂教学实践为基础的实践性研究，涉及面广，牵涉的因素多，其研究总体思路如下。

1. 顶层设计，全面统筹

该课题以音乐学科核心素养为导向，整体构建普通高中音乐课堂教学的理念、路径、内容与评价，通过2~3年乃至更长的实践周期，从课题研究保障、运行机制、具体实施等角度全方位统筹设计、整合资源，以省工作室为主体，各子工作室为分支协同推进研究工作。

2. 系统规划，逐步推进

系统规划该课题研究的政策保障、机构保障、人力保障、制度保障、经费保障等要素，同时从课题研究的目的与内容出发分阶段进行系统的课题研究规划和任务分配，设计好每个过程的运行、考评机制，分层分步落实。

3. 加强学习，深化认识

加大关于学科核心素养以及课堂教学策略的理论学习和实例探究力度，强化认识，领会课题研究的重要意义和价值，以便更好、更扎实地推进课题研究。

（二）研究方式方法

1. 现实把脉，问题聚焦

结合省域高中音乐课堂教学现状，进行深入的调查分析，聚焦课题亟待研究和解决的核心问题。

2. 合力推进，分层落实

各参研学校从行政角度，省名教师工作室从专业角度，分工合作，合力推进课题选项、设计、实施等相关工作，同时细化研究任务，层层落实。

（1）健全组织，确保实施

四川省中学音乐名教师（陈双）鼎兴工作室成立课题领导小组、工作小组、课题研究小组，各成员子工作室成立相应的子课题工作组。

(2) 文献查新,思路理清

组织课题研究小组,进行国内外的文献查新,加强认识,理清课题研究思路,确立课题研究的立足点和方向。

(3) 分工实施,层层落实

从省名教师工作室成立的总课题组,到涉及课程模块、课程资源、评价体系、教学保障相关内容的各项目研究小组,层层研究,步步落实。

3. 形式多样,深入研究

结合课题的研究特性,省名教师工作室牵头,开展丰富多彩的研究活动,将理论与实践相结合,进行深入探索。

(1) 理论学习

围绕学科核心素养导向的高中音乐课堂教学实践探索的目标,组织课题研究小组全体成员,夯实理论学习基础,结合音乐课程标准解读教材,加强对音乐教材的深度学习与分析,提升教师理论水平,奠定音乐课堂教学的理论基础。

(2) 专题培训

通过专题培训共同学习、共同探究、专家引领等有效方法,探索、拓宽教师教育教学能力提升的有效路径,为高效、优质课堂教学提供师资保障。

(3) 实地考察

针对参与此项研究工作的工作室成员所在地区(学校)进行走访调查和教学交流,加强课堂教学实践,丰富课程资源,拓宽研究视野。

(4) 课堂研究

以参研学校音乐学科常规课堂为载体,在每月课堂教学研讨中设立有关学科核心素养的音乐课堂教学实践研究系列专题,结合课堂案例,进行现场分析,提取经验,总结成果。

(5) 论坛活动

按学期分阶段针对课题研究内容进行校际、市域内的论坛活动或者开展以分享总课题、子课题阶段性研究成果为主的论坛。

(6) 技能研修

以学员相互交流学习、学员实践操作、导师引领指导的形式,从演唱、演奏、指挥、舞蹈、表演、创编、音乐理论等方面进行研究学习,提升参研教师的专业技能水平。

(7) 案例、论文评选

加强过程性成果意识,每年定期举办该课题的专项教育科研论文、案例评选活动。

(8) 现场研讨展示会

以区域学校研究为主,分阶段进行课题研讨、高品质课堂教学展示。

(三)研究的周期与步骤

本课题研究大体分为三个阶段。

研究阶段	研究任务	预期成果
2019年2月—2019年10月 准备调研阶段	1.组织课题研究人员,进行人员专项分工 2.搜集国外、国内高中音乐课堂教学的相关研究资料,了解课题相关研究的最新成果、动态 3.调研区域内音乐教师专业素养现状和音乐课堂教学现状 4.分析调研结果,梳理调研中的问题,结合实情,聚焦研究核心,进一步撰写并修改研究实施方案	1.课题申请 2.课题研究方案 3.课题调查分析报告
2019年10月—2021年2月 实践探索阶段	1.聚焦高中音乐课堂教学,探索以学科核心素养为导向的高中音乐课堂的教学理念、教学路径、教学方法、教学模式、教学保障、教学评价等策略体系 2.跟踪记录音乐教师专业素养提升的过程 3.跟踪调查省域高中学校音乐课堂教学质量	1.形成课题研究阶段性成果报告 2.探索音乐课堂的教学策略,梳理出与课题研究相关的论文、案例 3.以子课题为载体,开展与课题相关的专题赛课等实践研究
2021年2月—2021年10月 成果提炼阶段	1.反复研讨、梳理、总结、提升成果 2.申报考核评估,形成课题研究工作报告、研究报告	1.总结、提炼核心素养导向下的音乐课堂在教学理念、教学路径、教学方法、教学模式、教学评价、教学保障等方面的策略体系,生成研究报告 2.建构体系性的课程资源和教学模式 3.汇编研究论文集 4.形成典型案例集、课例集

九、研究成果预设

(一)预期成效

(1)参研教师的教育教学水平得到不断提升,高中音乐课堂逐渐形成一定风格。参研教师利用多种课型积极参加各级各类优质课展评,学科教学质量得到有效提高;参研教师不断凝练成果,撰写高质量的学术论文,教师的教育科研能力得到明显提升。

(2)探索高中音乐课堂教学路径,形成高中音乐课堂教学模式,总结和提炼出适合普通高中音乐课堂教学的策略体系,为我省高中音乐教学提供借鉴和指导。

(3)学校音乐课程管理与评价体系逐步完善,课程资源不断丰富,高中音乐的学科价值与育人功能得到强化,学生核心素养得到提升,学校美育内涵得到彰显。

(二)预期成果

1.理论成果

(1)《学科核心素养导向的高中音乐课堂教学实践探索》现状调研系列报告。

(2)《学科核心素养导向的高中音乐课堂教学实践探索》研究报告。

(3)《学科核心素养导向的高中音乐课堂教学实践探索》优秀论文集。

2.实践成果

(1)关于高中音乐课堂系列主题的论坛、课例、技能展示、技能比赛、专家培训的光碟集。

(2)《学科核心素养导向的高中音乐课堂教学实践探索》课堂教案集。

(3)《学科核心素养导向的高中音乐课堂教学实践探索》策略。

下篇

论文集

第三章
学科核心素养导向的高中音乐课堂教学策略

构建"一二三四五"模式实施艺术教育

四川省中学音乐名教师(陈双)鼎兴工作室　陈双

> **摘　要**：学校音乐教育是坚持立德树人根本任务、实施美育教学的主要阵地，具有重要的意义。只有改进学校音乐教学模式、强化学校音乐教学育人功能、提高学生审美和人文素养，才能确保美育健康发展。
>
> **关键词**：地位；功能；管理；发展；品质；音乐教育

为全面贯彻中共中央办公厅、国务院办公厅《关于全面加强和改进新时代学校美育工作的意见》，进一步落实国家《学校艺术教育工作规程》的基本要求，众多学校坚持立德树人根本任务，改进美育教学方法，强化学校美育育人功能，提高学生审美和人文素养，促进学生健康成长。本文旨在探索、建构"一二三四五"模式实施艺术教育，使艺术教育之树长青。

一、定位一门必修课，落实学校艺术教育重要地位

学校艺术教育具有思想性、时代性、基础性、人文性、审美性和实践性的课程性质，是培育和践行社会主义核心价值观，培养学生艺术学科核心素养，落实立德树人根本任务，实施学校美育教育，发展素质教育的方式，其具有大众性与普及性的特点，是面向全体学生的一门必修课。

二、选准两个发展点,确保学校艺术教育价值功能

1. 艺术教育是学校坚持立德树人根本任务,实施美育教育的切入点

《中共中央国务院关于深化教育改革全面推进素质教育的决定》中明确指出美育的"全面发展"功能,提出了美育的要求:将美育融入学校教育全过程……开展丰富多彩的课外文化艺术活动,增强学生的美感体验,培养学生欣赏美和创造美的能力。艺术教育承担着美育的重要功能,是学校坚持立德树人根本任务,实施美育教育的切入点。

2. 艺术教育是传承优秀艺术文化,促进学校办学特色发展的支撑点

增强文化自信,传承优秀艺术文化,要以学校为载体,紧扣地域文化特色,充分依据校情,把传承地域优秀艺术文化作为学校特色办学的支撑点,将其融入学校教育的全过程,提升学校办学品质,张扬学校办学特色,促进学校教育和谐发展。

三、建立三大系统,强化学校艺术教育科学管理

学校建立实施艺术教育的组织领导、课程科研、条件保障三大系统。其内在联系为:组织领导系统是关键,课程科研系统是重点,条件保障系统是基础。

1. 组织领导系统

建立"一个小组、三条线、三个层面、两大块"的纵横交错的管理系统。基本表述为:校长牵头成立艺术教育领导小组,形成上层宏观管理;教务处、教科室、艺体处可单设三线具体协调落实,形成中层中观管理;艺术教研组、教学班两块阵地操作实施,形成基层微观控制。

艺术教育领导小组负责全面调控艺术教育工作,建章立制,规划近、中、远期工作。教务处侧重教学常规管理,包含课程开设、教学评价等;教科室侧重艺术教育科研的管理;艺体处侧重艺术课外活动的实践与营造艺术教育氛围。艺术教研组、教学班具体实施艺术教育教学工作。各部门互相协调、密切配合、形成合力,使工作卓有成效。

2. 课程科研系统

建立"三性统一、四位一体"的艺术教育课程科研体系。"三性统一"指必修课程的规范性、选择性必修课程的科学性、校本特色课程的示范性有机统一于学校艺术教育之中。"四位一体"指形成以"课题研究、教学探究、理论研修、艺术技能提升"为一体的学校艺术科研系统,确保学校艺术教育品质的发展。

3. 条件保障系统

师资队伍建设是关键,应大力实施"名师工程",强力推出名师;艺术教育设备设施配备是保障,应保证经费足额投入,按国家标准和学校教学实际需求配齐配足。

四、贯彻四结合原则,促进学校艺术教育健康发展

第一,普及与提高结合原则。实施艺术教育必须普及与提高相结合。只有普及,才能面向全体,实施真正的素质教育;提高是因材施教,做好了才能向高一级学校输送人才。普及是基础,提高见效益。

第二,教学与科研结合原则。坚持艺术教学与艺术科研相结合。教学为科研提供经验,科研又使教学上台阶。狠抓规范性,让科研为教学提供科学性指导,教师用科学的方法提高教学质量,用科研手段解决教学过程中存在的问题。只教不研,难上档次;只研不教,纸上谈兵。教学与科研相结合是现代艺术教育的必经之路。

第三,人本与条件结合原则。要以人为本,打造"德艺双馨"之师,保证学生人人享有接受艺术教育的权利。学校艺术教育必须具备场地、师资等必要的条件,条件保障是基础。要实施艺术教育,人本与条件,二者必须兼有。

第四,艺术与各科结合原则。艺术教育是学校教育的一个重要组成部分,只有与各科教学有机结合,才能产生结合点。美育是德育内容之一,以美育人,让学生崇尚美、创造美,以美育为结合点把各科教学整合起来,使教学效果更为显著。

五、抓实五项工作,彰显学校艺术教育办学品质

一抓师资队伍建设。形成高校招优、学校培优、社会引优、跨校用优的学校艺术教师用人机制;搭建请专家进校、送教师外培的学校艺术教师学科专业培训平台,强力提升艺术教师学科专业能力;激励学校艺术教师积极参加优质课堂竞赛、专业技能展演赛等活动,通过展、演、赛等形式夯实学科教学能力;完善学校艺术教师考评方案,在评优、推先、评职、晋级各方面向学校艺术教师倾斜,激发教师职业热情,增强教师责任心与担当意识。

二抓艺术课程校本化实施。建构"以必修课程为主体,夯实基础,提升素养;以选择性必修课程为延伸,张扬个性,培养能力;以实践性课程为创新点,激发潜质,增强创新意识;以表现性课程为提高点,满足兴趣,创造艺术美"的学校艺术课程校本化实施格局。

(1)严格执行国家课程标准,规范实施艺术教育。一是落实立德树人根本任务,实施美育教育;二是坚持普及性,全员参与;三是"五落实",即教育落实、时间落实、学生落实、任务落实、考核落实;四是坚持课程的严肃性,严禁课堂教学的随意性。

(2)创新艺术教学手段,探讨示范性。一是探索小学、中学艺术课衔接教育模式;二是优化传承地方优秀艺术文化,培养学生审美能力、创造能力、表现能力的模式;三是拓宽用艺术教育调节学生心理、美化学生心灵、健全学生人格的美育途径。

(3)设置艺术实践活动,创造艺术美。一是创新思路,开展学生乐于参与、体现地方优秀

艺术文化的各种艺术社团活动,让学生在活动中发现美、感受美、创造美、表现美;二是坚持定期举办校园艺术节活动,让每个学生唱一首歌,表演一个节目,完成一幅美术作品;三是搞好"三个层次"的活动,即以班为单位的普及性艺术活动,以学校为单位的展评活动,以及有关部门组织的竞赛活动。

三抓艺术课堂教学创新。拓宽必修课、选择性必修课、校本艺术特色课走班教学路径,形成学生跨班、跨年级学习,教师跨校教学的学校艺术课堂教学样态;优化艺体教学模式,创新构建"任务驱动—体验感受—审美创新—感悟理解—艺术表现—综合运用"的艺体高品质课堂教学模式,夯实艺术课堂教学成果,提升艺术学科教育教学质量。

四抓设施设备保障。依据国家关于中小学学校艺术设备设施配备标准,积极争取国家与地方财政支持,配齐配足学校实施艺术教育必需的设备设施,基本满足学校艺术必修课程、选择性必修课程、校本课程开设的需要,确保学校艺术教育健康发展。

五抓艺术教育评价。创新课堂学习、活动参与的过程性评价,完善艺术学科基础知识与艺术技能并重的基础性评价,发展艺术展演赛的表现性评价,建构过程性、基础性、表现性相结合的进阶式评价体系,彰显艺术教育的科学性、人文性、审美性、创新性。

参考文献

[1]中华人民共和国教育部.普通高中音乐课程标准(2017年版)[M].北京:人民教育出版社,2018.

[2]郝立庆.探索体卫艺工作新途径 全面提升学生综合素质[J].辽宁教育,2014(2):65-67.

[3]佘文森.核心素养导向的课堂教学[M].上海:上海教育出版社,2017.

基于民族音乐文化传承的校本音乐课程建设策略探究

四川省双流艺体中学 邓文兵

> **摘 要**：音乐蕴含着丰富的历史内容和人文内涵，中国各地区、各民族的民歌、戏曲、器乐等传统艺术形式，汇聚了民族音乐文化精华，是学校实施美育教育的重要资源，对提升学生音乐审美能力、拓展学生音乐文化视野、增强学生民族文化自信、培养学生爱国主义情操起着重要作用！
>
> **关键词**：民族音乐文化；传承；校本音乐课程；建设策略

音乐是一门极富创造性的艺术，表现形式多种多样，是学校实现以美化人、以美育人的重要载体。学生在音乐学习中所产生的体验、理解、感悟、想象和创造，为其在审美能力的提升、创造能力的发挥、音乐实践能力的培育、爱国主义情操的培养和优秀文化的传承等方面提供了广阔而自由的空间。

中华民族历史悠久，民族音乐积淀丰厚、博大精深。中国各地区、各民族的民歌、戏曲、器乐和歌舞音乐等传统艺术形式，汇聚了民族艺术的精华，凝聚着中华民族的精神，是中华优秀传统文化的重要组成部分。学校作为人才培养的基础阵地，担负着文化传承的重要责任，是中华优秀文化传承和发扬的主渠道。优秀的民族音乐文化作为学校音乐教育的重要资源，是学校美育教育必不可少的一部分，对增强学生的民族意识、树立学生的民族文化自信起着重要作用。那么，如何在学校音乐教育中开发和利用民族音乐文化？如何利用民族音乐文化资源开展学校音乐教育？笔者有几点思考。

一、做实一门主题课程

我国是一个幅员辽阔、民族众多的国家，由于地域、语言、文化、民族等方面的差异，各民族在社会历史发展的进程中，创造了绚丽多彩的民族音乐文化。各地区、各民族的经典音乐，是学校音乐教育取之不尽的艺术资源，更是传承和弘扬民族文化的重要载体。

围绕"传承艺术经典，坚定文化自信"这一主题，依据文化传承需要和学校育人目标，结合本校师资、学生艺术素养、教学条件和现有的音乐教育资源,以国家音乐课程为基础,精选或整合经典民歌、传统曲艺、民间器乐、民间歌舞等课程资源,面向全体学生实施普及教学。学生通过欣赏、演唱等音乐实践活动,感受民族音乐独特的文化内涵和艺术魅力,从而激发对民族音乐学习的持久兴趣,筑牢学习优秀民族音乐的基础,丰富自身人文涵养。

二、做精一门地域性课程

俗话说:"一方水土养一方人,一方山水有一方风情。"地方音乐有其独特的地域色彩,其音乐文化厚积千年,是地方优秀传统文化的重要组成部分,具有很高的审美价值和传承价值。因此,教师可以结合当地人文地理环境和传统音乐文化,挖掘地方音乐的人文内涵和育人价值,开发一门既具地方特色又彰显学校办学特色,既满足学生学习需求又符合学校音乐学科教学要求的地方性校本音乐课程,以此丰富学校音乐课程内涵,营造地方音乐文化传承氛围,使学生接受本土音乐的熏陶和浸润,彰显地方音乐文化的人文价值、审美价值和育人价值。

1. 开发地方音乐教材

结合当地特色文化资源和传统音乐文化,借助本校音乐教师、本土音乐工作者、民间艺人等的力量,精选当地音乐素材,积极开发特色鲜明、内容丰富、层次多元的校本音乐课程,让学生了解地方文化、热爱本土音乐,以此实现地方优秀音乐文化传承的可持续性发展。

2. 夯实教师专业技能

音乐教师是地方音乐课程的具体实施者,所以要加强对地方音乐文化的深入学习、夯实地方音乐专业技能,以此确保地方音乐课程在学校的有效实施。

(1)专题培训

聘请本土音乐工作者、民间艺人等,对学科教师进行专题式培训,通过专题讲座和专项培训等形式,让教师深刻领会地方音乐的艺术内涵,帮助教师提升其专业技能。

(2)教学研讨

成立地方音乐教学研讨小组,以课堂为载体,针对典型案例开展听课、评课和研课活动,学习经验,总结成果。

(3)实地考察

深入民间,实地考察本土音乐的文化、历史、表演技能等,拓宽音乐教师的地域文化视野,提升音乐教师的课程开发和实施能力。

3. 多形式实施教学

结合地方音乐艺术特征和学校实情,拓宽地方性音乐课程的教学路径,多形式促进地方音乐文化的传承。学校应以音乐课堂、艺术社团、艺术实践为载体,采用跨班级、跨年级的"走班式"教学组织形式;依据学生特长和艺术修养水平,采用"集体课+小组课+个别课"的教学模式;充分调动民间艺人、当地音乐工作者、学生家长和校外音乐教师的积极性,搭建"内培+外引"的师资团队,使其参与到学校的教学活动中,从而更好地服务于学校地方音乐课程教育教学工作。

三、做活一批活动性课程

立足中华优秀民族音乐文化,科学构建一套以学习者为中心,结构合理,内容丰富,适合校情和学生发展的校本活动性音乐课程体系,增强学校音乐课程的综合性,挖掘每一位学生的禀赋、兴趣、爱好和特长,以此拓展学生学习音乐知识的渠道,扩大学生音乐学习的空间,激发学生音乐学习的动力,张扬学生的艺术个性,促进学生全面而有个性的发展。

1. 社团课程

结合学生的兴趣、爱好和特长需求,充分利用校内外优质音乐教育资源,设立多个音乐社团,满足学生个性化的艺术发展需求。全面发挥社团的作用,为具有不同特长的学生打好扎实的专业基础,实现学生的多元化、差异化和个性化发展。社团课程实施:一"主题",即"优秀民族音乐文化";两"中心",即"团长+导师",团长主要负责社团日常管理和考核考评工作,导师主要负责社团的教学教研工作;三"有",即"有计划、有考核、有保障";四"定",即"定时间、定地点、定主题、定内容"。

2. 实践课程

学生课外艺术实践活动是学校音乐教育的有机组成部分,是提升学生音乐艺术表演技能水平、增强学生团结合作意识的重要渠道。学校定期开展以中华优秀民族音乐文化为主题的校园文化艺术节、班级歌咏比赛、班级艺术周、校内歌手赛、师生音乐会、音乐名师课等一系列艺术实践活动,为学生搭建艺术实践平台,增强学生艺术表演的自信心,提高学生的艺术表现能力。

3. 研学课程

根据区域、地域特色,结合学生年龄、生理特点和学校音乐教育的培育目标,组织学生走出校园、走进自然,开展以"立足传统文化,传承民族经典"为主题的研究性学习和实践体验相结合的校外民族音乐文化体验活动,让学生与民族音乐文化进行"亲密接触"。这样可以让学生在不一样的新奇体验中增进音乐情感体验,接受丰富情感熏陶,让优秀民族音乐文化在学生心中生根发芽。

4.融合课程

民族音乐蕴含着丰富的文化和历史内涵,它与人类的社会生活和其他文化艺术有着紧密的联系。将文化学科和其他艺术类学科融入到学校音乐课程中,改善课程结构和内容,跨学科挖掘学习资源,扩展学科课程领域,实施跨学科横向教学。通过具体的民族音乐素材构建与其他学科的有机联系,拉近学科之间的距离,开阔学生的人文视野,进一步提升学生的综合素养。

5.氛围课程

借助校园广播站这一平台,开发以"经典赏析"为主题的校园氛围课程,利用课余时间定期播放优秀的民族音乐作品,让学生充分享受民族经典所带来的愉悦和熏陶、感受民族音乐的独特魅力,拓宽学生的音乐文化视野,增强学校的艺术氛围,形成校园文化协同育人的美育格局。

总之,基于民族音乐文化传承的校本音乐课程建设的策略是,在课程开发和建设中应以国家音乐课程标准为基础,结合本地、本校和学生的实际情况,充分挖掘和利用民族音乐文化资源,发挥教师专业优势,构建充满活力、适合学生发展的校本音乐课程体系,最大限度地调动学生弘扬和传承民族音乐的积极性和主动性,丰富学生对民族音乐文化的体验和认知,提高学生审美能力和人文素养,彰显音乐课程以情感人、以美化人、以美育人的价值。

参考文献

[1]中华人民共和国教育部.义务教育音乐课程标准(2011年版)[M].北京:北京师范大学出版社,2012.

[2]中华人民共和国教育部.普通高中音乐课程标准(2017年版)[M].北京:人民教育出版社,2018.

[3]王安国.普通高中音乐课程标准(2017年版)解读[M].北京:高等教育出版社,2018.

高中音乐教学中渗透地方民歌(城厢连箫)实践性教育的探索与研究

四川省成都市大弯中学校 曾春燕

> **摘 要**：中国民族音乐是中华优秀传统文化的重要组成部分，各地区、各民族的民歌等传统艺术形式是民族音乐文化的根脉，理当是音乐课程的重要内容。在音乐课堂教学中渗透地方民歌，让学生通过对民族音乐的学习了解及艺术实践，熟悉并热爱家乡音乐文化，这对增强学生民族文化自信、培养爱家乡进而到爱祖国的爱国主义情操是很必要的。四川地方民歌体现了川人的智慧与勇敢，有许多脍炙人口的经典作品。本文从笔者教学所在地本土音乐文化(成都非遗)"城厢连箫"融入高中音乐教学的价值、要点、策略三方面进行分析阐述，在弘扬民族音乐、丰富课程选择、培养和提高高中生音乐学科素养等方面提出一些探索研究的思路观点和策略方法。
>
> **关键词**：高中音乐；成都非遗；城厢连箫；价值；策略

  教育部颁布的《普通高中音乐课程标准(2017年版)》针对高中音乐课的基本理念，明确指出，"中国民族音乐历史悠久，博大精深，积淀丰厚，是中华优秀传统文化的重要组成部分，值得世代珍惜和忠实传承。中国各地区、各民族的民歌、器乐、歌舞音乐、戏曲、曲艺和民间舞蹈等传统艺术形式，汇聚了中华文化的精华，是民族音乐文化的根脉，理当是音乐课程的重要内容，在高中音乐教学中应得到强化"。四川成都地区的音乐教师，在音乐教学中融入、渗透四川的民族传统音乐文化，帮助学生感受理解家乡的音乐，增强学生的民族文化自信，培养学生的爱国主义情操，是有必要的。带着这样的目的，笔者通过网上查询资料、实地考察、探访非遗传承人以及与当地文化馆合作交流等方式，了解、整理城厢连箫的相关文化资料，为本校高中音乐课堂教学渗透地方民歌(城厢连箫)实践性教育的探索和研究提供了基础。

一、四川成都青白江区地方音乐文化"城厢连箫"的价值分析

（一）连箫发展概况

  连箫是一种跨门类的民间艺术形式，流行于我国南北各省，含有舞蹈和说唱的成分。自

明末清初随湖广、陕西大移民传入四川,至今有三四百年的历史,在四川有"连香""连厢""年箫""棒棒鞭"等多种称谓。连箫传入四川后,演唱曲调与四川方言逐渐融合,形成了演唱风格鲜明独特的四川曲艺小调。成都市青白江区城厢镇是广汉、彭县、新都、金堂周边等地民间民俗活动的中心,民间文艺活动十分繁荣。城厢连箫大约产生于清乾隆年间并由之前的个体表演逐渐发展为群体表演。每逢喜庆祭祀、逢年过节之际,城厢镇多支队伍表演连箫,城厢人谓之"过街连箫"。尤其在每年农历六月初二"城隍老爷出驾"庆典中,周边地区的民间歌舞队汇聚于城厢镇举行隆重盛大的社火街头表演,过街连箫是其中最耀眼的传统节目之一。与龙灯、牛灯、马灯、秧歌、腰鼓等民间艺术相比,过街连箫不仅有民间舞蹈的形式,在表演中还有多种曲子的演唱,富有具体深刻的思想内涵,深受基层劳动人民的喜爱,因而更具群众性。因此,城厢镇的连箫活动十分活跃,其盛况从辛亥革命前后一直延续到20世纪50年代,在三四十年代就有演唱宣传打鬼子、欢迎解放军、宣传土地改革等内容的歌谣,50年代城厢镇的中小学和农村各村组都成立有连箫队。1958年该镇的秀川村表演队被选拔进入北京演出,当时的城厢镇可谓是十里八乡闻名遐迩的"连箫之乡"。2008年,城厢过街连箫入选市级非遗,并列入成都市非物质文化遗产代表性项目名录,项目保护单位为青白江区文化馆。

(二)城厢连箫融入高中音乐教学的价值

城厢连箫是根植于家乡热土的民间艺术。打连箫是当地人民群众逢年过节表示喜庆的一种生活方式,是青白江城厢古镇传统的特色文化活动。它包含的朴素的美学原理,乐观幽默、勤劳进取的人生态度,以及惩恶扬善、追求幸福的价值观念,深为广大基层劳动群众所认同,与我们民族的文化气质和审美情趣天然契合。

连箫的主要道具是连箫棍,也称钱棍,在长约三尺的竹棍两头分别挖出八个长条形孔洞,孔中安装方孔铜钱若干,棍的两头用彩色丝带系成蝴蝶结状。表演时手持一根连箫棍,边唱边舞,同时用棍子拍打身体多个部位合着节拍歌舞,舞动连箫棍时铜钱相互撞击,使连箫棍发出"哗哗"的声响。连箫道具简单,表演灵活方便,不受场地限制,易于学习和流传。青白江城厢连箫的旋律、节奏、风格在连箫歌舞文化中独树一帜,情感内容丰富,既有热爱生活、赞颂祖国的内容,也有思念家乡、怀念亲人的内容,具有曲调优美、内容丰富、节奏明晰、旋律优雅、风格鲜明等优点,体现了当地人民向往美好生活、热爱家乡的感情。连箫或是粗犷大胆,或是含蓄悠扬,或是高亢激情,风格都极为鲜明。在高中音乐教学中融入城厢连箫,可以丰富学生的课堂学习内容。学生通过学习实践容易产生艺术情境的共鸣和丰富情感体验,在提高音乐审美素养的同时培养积极乐观的人生态度和正确的价值观取向。

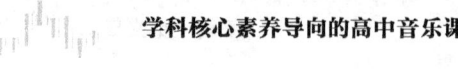

(三)城厢连箫传承的重要性

20世纪60年代以后,连箫逐渐门庭冷落,几近消失,70年代连箫才逐渐重新浮出水面,不过唱词多以革命歌曲代之,后随着经济的发展再次沉寂,濒临失传。所以,保护、传承本土音乐文化也显得更为迫切,在音乐教学中融入本土连箫音乐文化,无疑也是这朵民间艺术小花重放光彩的一个重要的途径。

二、青白江城厢连箫民歌融入高中音乐教学的要点

(一)首先要了解连箫的相关文化

若要将连箫民歌融入到高中音乐教学中,让学生了解连箫的相关文化背景是很必要的,教师不能简单片面地教唱一两首连箫歌曲,这样容易造成学生的审美感知与文化理解脱节,这就违背了传承本土音乐文化的初衷。因此,所有的教学行为要建立在学生了解相关文化的基础上。

(二)筛选符合高中生学段特征的内容题材

从类型上看,连箫分洞房连箫和过街连箫,前者是民间艺人为卖艺求生的个体表演,而后者是人民群众广泛参与的连箫群体表演活动,是一种特色性强的民间歌舞。城厢过街连箫经过不断发展,打法花样越来越多,唱曲也因民歌民谣的发展而日益丰富,传统曲调有十多种曲牌,唱词多以表现生产生活中的欢乐情趣为题材。

由于城厢连箫的类型多样,唱词的内容题材也涉及生活的方方面面,因而选择什么样的题材融入音乐教学中需要反复斟酌。从连箫文化中,我们筛选了符合高中生年龄特征、兴趣爱好、审美要求的类型进行选择性的学习。

三、城厢连箫融入高中音乐教学的策略设计

(一)编撰校本教材唱连箫歌曲

如何更好地在课堂教学中让学生了解相关文化并能表演连箫歌舞,需要教师努力探索。通过拜访青白江城厢连箫传承人张相和老师,多次到项目保护单位青白江文化馆查询相关文化资料,走访乡村艺人,民间采风等多种手段,笔者收集了《连箫是一根竹棒棒》《红太阳、弯月亮》《棒棒鞭》等多首经典青白江城厢连箫歌曲。在对连箫音乐搜集整理的基础上,结合本校高中生学段年龄、心理特征、学习能力等具体情况,对连箫民歌进行分类归纳、编撰整理,形成校本教材。

(二)采用多种形式融入连箫艺术

连箫表演时常有一个或几个舞者领唱,众舞者齐唱"柳林柳"这样的形式(所以连箫又称

柳林柳)。舞者边唱边舞,用连箫棍以碰、点、踢、拍、转、抖等手法和身法击打身体的肩、胸、腰、背、腿等各个部位。因为是群体在过街行进中表演,所以技巧性打法相对较少。而它的优势一是队形变化层出不穷,二是"一领众和"与围观群众交流,能使众多群众参与其中。基于连箫善于营造热闹场面气氛的特点,取其不受场地限制、灵活的表演形式,通过课堂教学、选修课开设、社团活动、艺术节表演等形式,带领学生做连箫、唱连箫、打连箫,在这一系列连箫相关的活动中激发学生的学习兴趣,并通过多种形式的艺术实践,让学生感知民间歌舞的多姿多彩,体验优美、淳朴、细腻、粗犷等多种曲子的风格特点。如此,生活的美好感受直达内心,学生自然而然地对家乡的音乐文化产生热爱之情。

(三)通过连箫开展学生的音乐创作活动

连箫除了风格多变,演唱方式和唱词表达也十分独特,因此,在连箫融入音乐教学的过程中学生可自由创作歌词并演唱。连箫的歌词简单直白,容易填写。比如在搜集到的民间老人王永禅演唱的《棒棒鞭》中:"棒棒鞭呐二尺三,上打云呐下打川,海棠花呐枝枝尖,打来打去一样花呐,莲花金钱落梅花……"这样的歌曲朴素简单,学生完全可以基于这样的形式创作歌词,再加上连箫特有的衬词,以"一领众和"的演唱形式表演起来十分有趣。学生通过聆听、歌唱、编创、综合艺术表演获得直接的情感体验,在理解家乡传统音乐文化的同时也提升了审美感知和艺术表现能力。

四、结语

本文总结了本土音乐文化"青白江城厢连箫"融入高中音乐教学的价值、要点、策略,发现教材编撰在与时代要求相结合、课堂教学融合细节模式、满足学生个性化多样化的学习需求等方面还存在着很多有待改进优化的地方。高中音乐教学融合地方民歌音乐文化任重道远,希望以此文抛砖引玉,让我们为优化高中音乐教学、弘扬民族文化、培养学生音乐学科核心素养而共同努力。

参考文献

[1]余心屿.四川传统民歌的审美与歌唱启示[J].北极光,2019(12):59-60.

[2]李隆庆.浅析在高中音乐教学中深化民族音乐教学[J].艺术评鉴,2019(18):104-105.

[3]吴红.川南民歌的音乐特征与演唱分析——以《绣荷包》《槐花几时开》《石榴花开叶子青》为例[D].内蒙古:内蒙古师范大学,2019.

[4]陈娟.高中音乐教学应重视民族音乐文化传承[J].中学课程资源,2019(5):30-31.

[5]中华人民共和国教育部.普通高中音乐课程标准(2017年版)[M].北京:人民教育出版社,2018.

高中演奏模块教学实践
——以课堂乐器木笛演奏教学为例

四川省成都高新和平学校　曹佳

> **摘　要**：教育部颁布的《普通高中音乐课程标准(2017年版)》中,演奏模块由之前的选修课程调整为必修课程,成为了学生亲身体验的实践性课程,成为了培育音乐学科核心素养的主体课程之一。木管乐器木笛作为课堂乐器进入高中演奏教学课堂,有助于培养学生的乐器演奏与合奏能力,开发学生的音乐创作能力,为学校开展艺术活动、丰富校园文化奠定基础。
>
> **关键词**：演奏模块；课堂乐器；木笛

教育部颁布的《普通高中音乐课程标准(2017年版)》与之前的课标相比,做了不少调整,如高中音乐课程结构的改变,必修课程变为了六个模块,分别是音乐鉴赏、歌唱、演奏、音乐编创、音乐与舞蹈、音乐与戏剧。其中,演奏模块由之前的选修课程调整为必修课程,成为了学生亲身体验的课程,成为了培育音乐学科核心素养(审美感知、艺术表现、文化理解)的主体课程之一。这一调整顺应了时代和音乐学科的发展趋势,为提高我国国民音乐素养提供了方向。课标明确了:"演奏是以乐器为媒介表现音乐、抒发情感的艺术形式,是培育学生艺术表现素养的重要途径。演奏模块的教学包括器乐相关知识以及合奏、重奏、独奏等多种内容和形式。学生通过鉴赏和演奏优秀器乐作品,激发演奏兴趣,学习演奏方法,积累演奏经验,增强合作意识,体验器乐的艺术感染力和情感表现力。"[①]因此,演奏模块教材包含着十分丰富的内容,在具体的教学实践过程中,教师可以让学生鉴赏优秀的经典器乐作品并学习演奏适合他们演奏的作品,可以有计划地提高学生的音乐审美能力以及实践能力。

一、关注高中学生的心理特点,理解演奏教学的意义

1.高中学生的心理特点

高中学生的独立意识随着年龄的增长不断增强,他们特别关心自己的个性成长,在意自

---
① 中华人民共和国教育部.普通高中音乐课程标准(2017年版)[M].北京:人民教育出版社,2018:18.

己的优点与不足,在乎别人眼中的自己,希望别人了解、理解和尊重自己。这个年龄段的孩子,意志较之前更坚强,能够努力改掉多年的坏习惯,想办法克服困难,朝着自己的人生目标奋斗。高中阶段学生的兴趣爱好不容易受周围人的影响,他们一般能够按照自己的意愿去发展兴趣爱好。现阶段的他们思维灵活,但处理问题易感情用事、偏激,行为冲动,也会盲目跟从潮流。

2.高中演奏教学的重要性

音乐是情感的艺术,其直观的艺术表现力能引起人们的情感共鸣。根据高中生的心理特点、知识面、成长经历可知,随着综合学科文化知识的不断增长,他们对音乐的想象力与领悟能力会不断增强。他们的音乐认知能力通过有计划、有目的的音乐学习将会逐渐提升,理解能力会和逻辑思维能力也会日益增强。他们能较全面地感受与理解音乐作品,通过音乐学习,真正体验到音乐的美。

演奏是学生学习音乐和表演音乐的重要方式。演奏教学的开展,不仅发展了学生的思维能力,还有助于提升学生的专注力、想象力和创造力。当学生在演奏时,复杂的音乐世界不仅会影响他们的情绪,还会刺激记忆力和大脑分析能力的发展。由此可以看出,学生饱含情感演奏音乐,不仅能促进其智力的发展,还能激发、培养和影响其情感。

二、"演奏"课程课堂乐器的选择

作为必修课的"演奏",是一门面向全体高中学生的基础课程,是培养音乐学科核心素养的主体性课程。学生可通过演奏的实践,了解相关音乐背景、知识,在学习的过程中积累演奏方法,提高演奏技能水平,不断感受音乐艺术的魅力,提升自己对音乐的审美能力。但是,由于有高考的压力,高中学生在课后练习乐器的时间非常有限,因此对于课堂乐器的选择需要学校、老师慎重考虑,否则学生容易失去学习演奏乐器的兴趣和演奏好的信心。

选择演奏模块教学所需要的课堂乐器,需要充分考虑当地的地域文化,尊重学生的音乐审美取向。大多数学生需要自行购买乐器,所以课堂乐器的选择既要符合学校的实际,也要考虑学生的实际。木笛就是一个不错的课堂乐器选择,它属于木管乐器,历史悠久,是巴洛克时期标准的独奏、重奏、合奏乐器。当前,木笛在许多国家的音乐表演和教育中都发挥着巨大的作用。专业的木笛乐团和木笛协会比比皆是,世界各国经常举行木笛比赛,就连电视、广播甚至地铁里都能听见木笛音乐。木笛的音色优美圆润,受到世界各国音乐爱好者的喜爱。加之木笛携带、维护均方便,对气息要求不高,音高固定,简单易学,因此,在高中演奏课堂上开展课堂乐器木笛的教学具有可行性,有助于培养学生的乐器演奏能力,开发学生的音乐创作能力,为学校开展艺术活动、丰富校园文化奠定基础。

三、木笛演奏教学策略

1. 激"趣"引领

学生一旦对所要学习的东西有了兴趣,就会有想要学好的欲望并产生积极的学习心态,教学的一些难点也就能迎刃而解了。因此,在课堂乐器木笛的演奏教学中,教师首先要引导学生对木笛演奏的音乐产生浓厚的兴趣,让他们打心眼里产生想学木笛的想法。比如,在上课伊始,教师可以随着伴奏音乐先用木笛演奏大家耳熟能详的中国著名民歌《茉莉花》,然后和学生一起鉴赏优秀的、经典的木笛合奏曲,让学生觉得五线谱上的"小豆芽"是优美的、欢快跳动的、激情澎湃的。

2. 夯实基础,逐步提高

学生学习木笛的兴趣若被调动起来,他们会迫不及待地拿起木笛试图自己吹奏。从学习基础上看,有部分高中生在小学、初中时就学过木笛,也有部分同学没学过木笛,他们的演奏水平参差不齐,所以基础练习就显得尤为重要。首先要培养学生正确的演奏姿势(站姿与坐姿)和演奏手型,这会直接影响学生们演奏时的整体形象。有些学生常常有驼背、翘腿等不良习惯,需要教师及时发现并纠正,不断规范学生的演奏姿势。

呼吸训练是木笛演奏最基础的训练,学生们可以借助面巾纸逐步练习,深深地吸气,轻轻地、均匀地吐气。每次课前可以进行长音练习,这有助于学生增加肺活量和延长、稳定气息,还能使学生聆听、感受和谐的声音。若学生能自如地运用正确的呼吸方式,那么呼吸训练便达到了预期的效果。

指法的学习以巴洛克式高音木笛为例,教师先要让学生认识数字指法标记,了解手指的按孔,然后学习吹奏音符,由低音sol、la、si开始。只要手指把孔按好,气息控制好,学生就很容易将这些音吹准确,使音色明亮又柔和,这有助于增强学生继续吹奏的自信心。练好这些音以后,学生再依次学吹中音do、re,低音fa、mi、re、do……各个音符的指法学会后就可以进行音阶的练习,这有助于指法能力的提高。

当然,刚开始学习的时候,如果只让学生练习指法、音阶是很枯燥的,最好配合简单的练习曲和优美熟悉的单声部乐曲,适当配上伴奏音乐进行练习,使学生产生持续学习的欲望。随着学生识谱能力与吹奏能力的提高,可慢慢过渡到多声部合奏曲的学习。合奏的时候,可以采用多种教法,如让学生以小组为单位进行合奏表演;或主旋律由演奏技巧较好的同学来领奏,伴奏声部由演奏技巧稍弱的同学来演奏;抑或在学生都掌握好各自演奏的声部后,交换声部,让学生们有机会体验吹奏各个声部;……多样的方法,可以让学生充分体验演奏的乐趣。

3. 演奏促进综合能力的提升

(1)通过训练音乐的耳朵,培养合作意识

练耳的训练在演奏中有着重要的意义,在进行木笛演奏教学时,可以充分发挥其固定音高的优势,来培养学生,使其拥有一双音乐的耳朵。刚开始的训练,教师可以让学生进行简单的练耳训练,例如点出某个音的高音名,请学生用木笛吹奏出来,然后过渡到老师吹奏一个音,再逐步扩展到连续吹奏几个音,请学生来听辨这些音,并且用木笛吹奏出来。慢慢地,在吹奏时教师也时时提醒学生注意感受自己的吐气怎么样、音色怎么样,聆听并感受什么样的音色是美的,与旁边声部是否和谐统一,等等。

通过练耳的训练,慢慢培养学生互相聆听的习惯,使学生关注彼此间的配合,能够齐心协力地完成音乐作品的演奏。这样在不知不觉中,学生之间就会建立起协同合作的意识,学生的综合素养及能力就会得到提升,最终促进学生的全面发展。

(2)提高专业素养,开启创造思维

音乐不具有语义的确定性和事物形态的具象性,演奏的过程其实是一个二度创作的过程。学生演奏木笛的整个过程是具有多维性的,不仅要用到耳朵,而且要手、口、脚协调配合才能完成。学生在脑中对音乐作品进行想象、情感方面的处理,其实是他们对音乐的进一步加工与创造,这让学生的创造性思维潜移默化地在演奏学习中得到了培养与提升。

总之,"演奏"作为高中音乐的必修课程,有利于培养高中生对器乐学习的兴趣,有利于其特长的发展与个性的展示,给学生的艺术实践与艺术表现提供了更多的时间和空间。在木笛作为课堂乐器进入高中音乐演奏课堂的情况下,音乐教师要充分利用好这种乐器,使学生通过木笛演奏,加深对音乐的感悟、对音乐作品的理解,提高对音乐的表现力,从而全面提升学生的音乐核心素养。

参考文献

[1]中华人民共和国教育部.普通高中音乐课程标准(2017年版)[M].北京:人民教育出版社,2018.

[2]何倩仪.高中音乐演奏教学的实践研究[D].南昌:江西师范大学,2019.

[3]王俊生.论高中音乐新课标背景下演奏模块教学之特点[J].求知导刊,2020(29):46-47.

[4]曹旭康.新课标背景下普通高中如何有效开设音乐演奏模块教学[J].当代音乐,2020(8):54-56.

高中音乐鉴赏课"课眼"的捕捉与实施教学初探

四川省宜宾市第一中学校　伍茂渝

摘　要：本文重点阐述了音乐学科核心素养的定位，以及对高中音乐鉴赏课"课眼"的捕捉与具体实施方法。在实际的教学实践中，以同行之间的交流为依据，促进优秀音乐教育资源的优化配置及利用，确保优质教学和高效教学。

关键词：高中音乐鉴赏；课眼；捕捉；实施

2017年版普通高中音乐课程标准明确指出：高中音乐学科的核心素养包括审美感知、艺术表现、文化理解三个方面。高中音乐鉴赏课如何落实音乐核心素养，这是一个新的挑战。笔者认为，教师要捕捉"课眼"，巧设"课眼"，并从此处着手来进行教学设计和实施。"课眼"，是一堂课的一个关键点，是教学内容的重点和突破口。"课眼"应能直指教学目标，捕捉"课眼"，也就是"捕捉"整节课中的一个"点"，这个"点"，可以是课堂的切入点，也可以是焦点。本文拟从核心素养视域下的高中音乐鉴赏课"课眼"的捕捉与实施教学的角度来进行研究和探索。

一、以精准地提取音乐要素为"课眼"，激发学生的创造性音乐思维能力

音乐语言的表达主要依靠音乐要素，对音乐要素的分析不容忽略，音乐形式要素非常重要，其中旋律、速度、力度、音色、和声、节奏、调式非常关键。在课堂教学中，我们在激发学生的情绪和体验时，应该精准提取音乐作品中的一些关键性音乐要素，将之作为"课眼"，激发学生的创造性音乐思维能力。

1.从音乐主题旋律入手

"钢琴诗人"肖邦的代表作品《革命练习曲》，带有非常典型的浪漫主义色彩，并且具有一定的社会影响力。全曲是有魄力的快板，引子从一个强有力的属七和弦开始，紧接着是由高到低的快速走句，呈示段第一句主题在右手的高音区，以丰满的和弦、上行的旋律线、短促的乐句停顿、前面附点节奏与后面长音的结合为特征，从中我们可以清晰地感受到肖邦那种激昂慷慨的情绪和起伏难平的心情，就像吹响革命的号角，就像愤怒的呐喊。教师要通过具体

分析,引导学生寻找到作品中巧妙运用的音乐要素,加深学生对作品的认识。

2.从独特的音色入手

在"鼓乐铿锵"一节中,第一课教学内容是山西绛州的鼓乐《滚核桃》,在教学中,师生共同交流鼓的演奏形式和技法,运用不同的音响音色来模仿表现滚核桃的各种形态,这样可以让学生通过敲击鼓面、鼓梆、鼓钉、鼓棒,体会不同音色的独特效果,激发学生的创造性音乐思维能力。

二、以巧妙地借助风格流派为"课眼",拓展学生的音乐文化视野

在高中音乐鉴赏教材中,中西方音乐史的内容大部分围绕经典作品展开。新课改之后的高中音乐教材内容更加多元,通过对不同风格流派的分析以及研究来深化学生对所学知识的理解及认知。俄罗斯民族乐派的音乐,内容丰富且独特,格林卡的管弦乐作品《卡玛林斯卡亚幻想曲》是俄罗斯第一部真正的民族交响作品,该作品以俄罗斯两首民歌素材为音乐主题,是一部双主题变奏曲,生动直观地展现了俄罗斯的民俗风情。《卡玛林斯卡亚幻想曲》具有明显的风格流派艺术特点,可拓展学生的音乐文化视野。

三、以侧重地关注民族特征为"课眼",提升学生的音乐评析力

一个民族、一个时代的精神风貌可以通过优秀的音乐来展现。高中生在音乐鉴赏的过程中,就可以借助作曲家及其所代表的风格流派,透析其音乐作品的人文内涵及文化特征,而作品的民族特征,也是高中音乐鉴赏课的重要"课眼"。如"捷克的原野和森林"一课,教师通过引导学生正确地哼唱捷克民歌、背唱主题音乐的片段,把侧重地关注主题中富有捷克民歌特点的波尔卡风格的舞曲作为"课眼"。清唱剧作品《长恨歌》的第三乐章《渔阳鼙鼓动地来》是我国作曲家黄自的音乐作品,教师通过聆听、演唱等音乐实践活动,引导学生把关注点放在特定历史时期下的民族特征上,让学生在学习优秀的作品的过程中,树立强大的民族自信。

从实际教学中我们可以看出,在课堂教学中引导学生更多地关注民族特征,可以培养学生对音乐作品的认知、理解及评析能力。

四、以适当地凸显创作技法为"课眼",培养学生的音乐辨别力

教师要以学生为中心,深入分析、研究教材内容,了解音乐特征以及艺术表现力,以此为前提,深化学生对音乐元素的理解以及认知,鼓励学生自主探究和深刻体会音乐元素。《幻想交响曲》第二乐章《舞会》的音乐旋律非常梦幻,表达了主人翁对恋人的爱慕之情,教师始终把"固定乐思"作为主线贯穿全课,探究它随情节的发展采用的独特配器与演奏方法,引导学

生主动地了解不同音乐作品之中的形象特征,深化学生的认知及理解。《第九交响曲》第四乐章是贝多芬的代表作,该作品的教学紧紧围绕音乐主题"欢乐颂"来进行分析及研究,其中变奏法、重复法以及对比法的使用最为频繁。教师需要以风格分析以及技法提炼为依据,培养学生良好的音乐审美习惯,发展学生的音乐思维,鼓励学生自由发散、自主想象,培养学生的辨别能力以及感知能力。

五、以深度地挖掘人文内涵为"课眼",增强学生的文化自信

挖掘人文内涵,生成人文认知,教师需要站在理性的角度发展学生的学科核心素养,深化学生对文化知识的理解以及认知,鼓励学生主动了解不同的音乐文化现象,充分体现学科教学的针对性。深度地挖掘人文内涵,其实也就是给予学科核心素养一个现实的落脚点。"丝竹相和"这一课中,我们听辨《中花六板》的清秀和细雅,逐步地引导学生正确理解江南丝竹你简我繁、你繁我简、你进我出、你出我进的包容、和谐统一,认识江南人民和谐、谦让的生活态度。在欣赏《娱乐升平》时学生着重体验了高胡的音色,感受到了西洋乐器在中华民族乐队中的地位和作用。在这个过程中,对音乐作品特点的分析以及总结最为关键,教师需要以广东音乐特点的总结为依据,鼓励学生主动了解不同作品之中所蕴含的生活态度以及思想情感,让学生能够主动地感知其中的魅力,在潜移默化中增强学生的文化自信。

总之,核心素养视域下的高中音乐鉴赏课教学,只有以精准地提取音乐要素、巧妙地借助风格流派、侧重地关注民族特征、适当地凸显创作技法、深度地挖掘人文内涵为"课眼",才能更好地彰显学科教学的针对性以及生命力,充分体现以人为本的育人理念,确保美育工作的稳定开展,为学生的成长发展提供更多依据。

参考文献

[1]中华人民共和国教育部.普通高中音乐课程标准(2017年版)[M].北京:人民教育出版社,2018.

[2]杜宏斌.高中音乐鉴赏课《欢乐颂》案例的思考与评析[J].中国音乐教育,2012(3):39-40.

[3]浦利华.论"挖掘人文内涵"在高中音乐鉴赏教学中的意义与实施策略(下)[J].中国音乐教育,2020(2):24-27.

[4]叶艳.聚焦主题核心音调发展特征的高中器乐鉴赏教学策略研究(上)[J].中国音乐教育,2020(5):26-30.

普通高中音乐学科选课走班教学模式初探

四川省大邑县安仁中学　邓晓兰

摘　要:普通高中音乐课程是面向全体学生的一门必修课,是学校实施美育的重要途径。高考制度及高中课程改革的落脚点在课堂教学,传统的教学模式已经很难满足新课程改革中必修、选择性必修以及选修课程综合开展的需求。为此,探索符合普通高中需求的选课教学模式势在必行。音乐学科有着不同于文化学科的独特性,本文针对选课走班模式下的高中音乐课程结构、课时与学分、选课与教学实施等几个方面进行探究,以学校筹备和实际开展情况为例,对普通高中音乐学科选课走班的教学模式进行探讨。

关键词:普通高中;音乐;选课走班

一、选课走班在高中教学中的意义

国务院《国家教育事业发展"十三五"规划》鼓励普通高中实行"选课制""走班制",选课走班的教学模式可以更大程度满足学生的全面发展需求,凸显出学生个性化发展的优势。普通高中开设丰富优质的选修课程,可以促进新课程方案的实施,也是推进新高考综合改革的有力手段。新的课程结构设置为学生通过选择性必修或选修获得学分提供了更多的可能性,学生可以通过多种方式获得学分。其主要意义表现在:

第一,选课走班的教学模式可以改变普通高中音乐课程只开设必修课程的现状,实现课程多样性和可选择性的要求。

第二,选课走班的教学模式能够丰富学生的选择体验,充分体现以学生为本的原则,实现音乐学科"普及+特长"的艺术教育目标。

第三,选课走班的教学模式可以更好地实现师资的资源整合,极大地丰富艺术教育内容,有助于推进普通高中学校美育工作的开展。

第四,选课走班教学模式能更好地拓展学生知识面,促进学生身心的健康发展。

第五,对教师来说,选课走班的教学模式要求教师不断地加强学习、开发新的课程,从而

---

① 中华人民共和国教育部.普通高中音乐课程标准(2017年版)[M].北京:人民教育出版社,2018:2-4.

推动教师的业务水平提高;对学校来说,选课走班教学模式中的选修课程有助于学校特色办学目标的落实。

二、高中音乐课程教学组织形式

1.普通高中课程的学时与学分

在普通高中选课走班教学中,对学生实行学分管理,其中18学时对应1学分。学生在模块的学习中需完成规定的18学时的学习任务,同时通过相应的考核,才能获得该学时对应的学分。普通高中课程方案规定,每个高中学生在音乐课程中须获得3个必修学分。音乐课这3学分,其中2学分是要在必修课程中获得的,另外1学分既可以在必修课程的6个模块中获得,也可以在选择性必修课程中获得。[①]

2.学生获得音乐学科学分的途径

在音乐学科中,学生除了在必修课程中可以获得3学分外,还可以通过"必修+选择性必修"的方式来获得3学分。新的课程标准体现了音乐各领域学习同等重要且相互关联的特征,把6个必修模块的学分全部设置为并列的2学分,并且将36学时按学期分为18学时加上18学时,将原本属于课外艺术活动或校本课程的一部分内容纳入普通高中音乐课程体系中进行正规管理和评价。这样的课程教学模式为学生的未来发展奠定了更好的基础。

普通高中的学生可以通过以下四种选课方式来获得音乐学科的3学分:

(1)2学分(必修)+1学分(选择性必修);

(2)2学分(必修)+1学分(必修);

(3)1学分(必修)+1学分(必修)+1学分(必修);

(4)1学分(必修)+1学分(必修)+1学分(选择性必修)。

三、选课走班模式下高中音乐课程的实施过程

1.选课走班的制度保障

各学校应提前做好选课走班的具体实施计划,同时制定出对教师的考评规则。在国家方针的指导下,各学校应结合实际制定出音乐学科选课走班实施方案、音乐学科选课走班模块教学计划、音乐学科选课走班模块学习签到表、音乐学科选课走班模块成绩记录表以及音乐学科选课走班模块学习评价方案等,以更好地保障音乐学科选课走班教学的顺利开展。

2.确定选课走班中的具体课程

选课走班的课程设置应体现出课程内容要具有时代性、基础性和选择性的要求,满足学

---

① 中华人民共和国教育部.普通高中音乐课程标准(2017年版)[M].北京:人民教育出版社,2018:11-13.

生对音乐的不同兴趣爱好和特长的需要。课程设置应坚持优先开设面向全体学生的基础模块，在此基础上，大力开发课程资源，逐步开设其他模块课程的原则。在实践研究中，我们要充分考虑教学现状、硬件环境、师资配置、学生需求、办学特色等相关因素。在选课走班的实际操作过程中，我们可以通过调查法、行动研究法以及经验总结法来实现目的。

(1) 调查法

通过问卷调查，掌握学生对选课走班的欢迎程度及选择意向，利用大数据分析确定学校"选课走班"的课程研发方向。

(2) 行动研究法

针对音乐学科三大核心素养及高中音乐课堂教学策略、教学评价开展理论学习和实践探索，这是一个不断解决问题和产生新问题的循环往复的深入探究过程。

(3) 经验总结法

结合选课走班中学校、教师、学生遇到的实际困难，进行经验总结提炼。

我校高一、高二、高三每个年级14个教学班，每个班55名学生。学校共有两名音乐教师，一位擅长声乐，一位擅长舞蹈。在选课走班实施之前，我校根据师资配置、硬件条件、学生需求三个方面，结合我校办学特色的实际情况，经过多轮的讨论研判，最终决定面向高一、高二、高三的全体学生开设必修课程"音乐鉴赏"和"歌唱"，开设选择性必修课程"合唱""音乐与舞蹈"，开设校本选修课程"形体与礼仪"。

3. 确定选课走班的学生分配，编配班级

确定好开设的模块后，我们通过"问卷星"做了选课走班的相关调查，数据反馈结果和我们预想的情况有出入，出现了"一头倒"的现象，"合唱"和"音乐与舞蹈"的个别班级人数差距甚大。在选课走班的教学形式下"合唱"班级人数颇多，"音乐与舞蹈"班级人数寥寥无几。这给学校造成了一定的管理困难。因此，我们分析总结了失败的经验，提前对学生选课进行全面指导。音乐教师将学校开设的必修、选择性必修以及选修课程中各模块的教学内容、教学方式、教学手段、学业质量水平的相关要求以及上课的时间、地点、使用的教材和上课教师的专业情况等及时告知学生，并做好答疑解惑的工作，最后指导学生根据自己的喜好和特长对自己的选课走班做出正确的规划。

4. 选定选课走班的教材，编写校本教材

在前期的实际教学中，"音乐鉴赏"和"歌唱"使用的是人音版的教材，"合唱""音乐与舞蹈"使用的是参照国家教材，根据学生实际情况编写出的校本教材，"形体与礼仪"则使用的是由本校音乐教师根据学生实际情况编写的教材。

5.选课走班的教学实施要求和学生学习评价

针对选课走班,评价内容主要是过程为主、结果为辅。我们始终坚持以学生为主体,在评价中充分尊重学生,从而调动学生参与评价的积极性。注重学生最后的测评成绩,更要重视学生的学习习惯、出勤情况、课堂表现以及多方面的发展潜能,以帮助学生实现自我成长。一学期18课时为一个选课周期,合格方可获得模块对应的1学分。

四、"选课走班"面临的现状

(1)新课改推动缓慢,上级主管部门还未有明确的实施意见。

(2)学校观念转变慢,还没有形成系统的管理办法,面对新课改不愿先尝试。

(3)由于普通高中艺术学科边缘化严重,学校师资与硬件配置严重不足,限制了课程建设与实施。

五、结束语

普通高中音乐课程内容的调整以及课时设置方面的新变化,体现了课程标准在学生选课方式、课程教学组织形式上的创新与突破,但也给学校的课程编排带来了新的挑战。如何在现有的基本条件下,适应新的课程结构、课程内容、选课方式的变化,实现多模块选择性学习,还需要我们在长期的教学实践中不断摸索,不断总结,努力使之操作性更强,收效更好!

参考文献

[1]中华人民共和国教育部.普通高中音乐课程标准(2017年版)[M].北京:人民教育出版社,2018.

中华优秀传统音乐文化走进普通高中音乐课堂

——彝族口弦音乐文化传承

四川省乐山市延风中学 罗翛

摘 要：我国幅员辽阔，少数民族众多且分布较广。少数民族受地域、文化、宗教等的影响，在历史发展过程中形成了具有民族特色的文化艺术，其具有极高的美学价值。本文从本土出发，选取彝族音乐和口弦乐器，探究传承彝族音乐文化与发挥少数民族文化美育价值的途径。本文首先从传统文化保护的背景出发，探讨了少数民族文化传承发展的途径即还原与创新，其次详细介绍了彝族音乐曲调和口弦技艺，提出了将彝族口弦艺术开发成美育课程的设想，以期在发挥彝族音乐美育价值的同时，又反哺彝族文化的传承。这样的少数民族美育课程，会在一定程度上改变学生对民族传统文化"土气"的刻板印象，让学生愿意主动去接触民族传统文化。彝族口弦乐器课程的学习和展演，使学生在一定程度上能在学习的过程中受到彝族文化独特美学意蕴的熏陶，感受彝族独有艺术形式的美感。此外，通过彝族口弦乐器课程的教学，教师可以激发学生对少数民族传统文化的学习兴趣，增加少数民族文化的受众，发挥美育对少数民族文化艺术的传承和保护的作用。少数民族文化是我国优秀传统文化的重要组成部分，因受本民族风俗习惯、生活方式的影响，呈现出不同的艺术表现形式，蕴含着独特的美育价值。本文以本土彝族音乐开发为案例，旨在为地方美育课程的创新发展起到抛砖引玉的作用。

关键词：优秀传统文化；彝族音乐；口弦乐器；传承发展

一、传统文化的还原与创新

中华民族优秀的传统文化是我们最基本的精神基因，同时也是我国文化软实力的重要组成部分，其时代价值是不可忽略的。在一个民族中绵延流传下来的传统文化的魅力，不是源于其威严，让人觉得高不可攀，而是源于其平易近人的温柔与历史酝酿的深沉。将中华优秀传统文化融入普通高中音乐课堂教学有极其重要的意义，有利于提升青少年道德、审美、文化及思想素质；有利于培养青少年正确的世界观、人生观、价值观。教师传授的是技术，而学生学习的是艺术，艺术因有欣赏的人而有价值，技术因有传承的人而得以发展，传统文化艺术形式的创新将二者糅合成一个完整的圆,使之得以生生不息,永续流传。

朱光潜在《谈美》中写道:"许多轰轰烈烈的英雄和美人都过去了,许多轰轰烈烈的成功和失败也都过去了,只有艺术作品真正是不朽的。"确实如他所言,在日新月异的信息时代里,我们仍然保有对文化艺术传承的敏锐感知和无限热忱。优秀传统文化从刀耕火种的远古时代流淌至今,汇聚了不同时代里的涓涓细流。

还原、创新是艺术表现中的两种方法,其目的在于传承发展。还原可以将传统艺术的原貌展示在公众面前,但艺术的传承绝不单靠还原老一辈的艺术风格,也不只凭无尽的创新,而是多元化的,是新旧包容的。风格的还原会唤起观众淡化的记忆,让曾经的感动再次涌现;表现形式的创新能引起后辈对艺术传承的关注,也能让中华优秀传统音乐文化的精气神代代传递。因此,艺术传承中还原与创新同等重要。同时也要注意,还原与创新应在合理的区间内进行。只有将还原与创新平衡好、结合好,艺术才可永留于世。

在现阶段的学校课堂上,音乐课往往是在各种主流课程中穿插的一种辅助性课程,起的是点缀作用。所以在大部分的学生眼里,音乐课是可有可无的,没有引起足够的重视。针对这种现状,我们首先要做的就是重视音乐课程,激发学生对音乐的兴趣,让学生爱上音乐,学会欣赏音乐之美。新时代的素质教育之一就是美育,而音乐教育是美育的重要载体。柏拉图曾说:"音乐教育除了非常注重道德和社会目的外,必须把美的东西作为自己的目的来探求,把人教育成美和善的。"中国历史文化源远流长,其中婉转动听的乐曲演绎着普通百姓的生活百态,音乐为我们的生活添彩,音乐让我们的精神强大。

二、彝族传统音乐文化介绍

彝族是我国一个非常古老的少数民族,他们的文化历史悠久、丰富多样,在我国历史发展和文化传承中有着重要的地位。近些年来,少数民族文化挖掘的兴起,使得彝族的音乐得到了广大爱好者的高度重视。彝族音乐中有各种各样的曲调,例如迎客调、爬山调、娶亲调、吃酒调、进门调、哭丧调等,很多曲调中的词都不是固定的,而是彝族人在当时特定的环境下即兴创作的。一般彝族的音乐分为女调和男调,并且不同地区的音乐会有本地区独特的风格。彝族的舞蹈也很有特色,主要有两种类型,独舞和集体舞,其中以集体舞居多。

彝族舞曲的节奏感比较强,曲调也比较欢快,通常使用月琴、三弦以及笛子进行伴奏。彝族人在唱歌的过程中也会使用乐器,彝族的很多乐器已经被用到了现代音乐的演奏中,我们可以从一些文化残存中管窥其源远流长的文化记忆——竹制口弦就是其中一例。

口弦是中国乐器中体积较小的一种,也是中国历史最悠久的少数民族乐器之一,是彝族人民在文化艺术生活中常见的一种簧乐器。在彝族,不论男女老少,几乎每人都有一副口弦,用一个精致的小竹筒盛装,挂在胸前,休息时便取了吹奏。由于口弦音量小,人们通常是三三两两地凑在一起相互倾听。在夜静的时候,吹奏声音显得较为清亮,距离稍远的地方也能听见,泛音尤为清晰,非常优美动听。

三、口弦进课堂

为了帮助学生更好地了解彝族传统艺术文化,学习竹制口弦这一乐器,我们设计了以下教学内容。

在音乐课的必备乐器中加入竹制口弦。课堂上先由教师进行口弦吹奏,如民族音乐的吹奏、流行乐曲吹奏,让学生们了解口弦的音色特点,体会口弦的优点,并且明白民族乐器不仅可以运用在本民族歌舞中,也可以运用到当代流行乐曲中。如此一来,可以在一定程度上改变学生对于民族传统文化"土气"的刻板印象,让学生愿意主动去接触我国的各种民族乐器。

若班上有彝族学生,可让其介绍自己从小了解到的口弦文化,可以请会吹奏的进行表演,增加学生的民族文化自豪感。

由教师介绍竹制口弦的演奏方法、吹奏技巧,并通过由易到难的方法教学生吹奏彝族口弦。在学生逐渐掌握后,教师以彝族著名音乐人制作的乐曲为基础,将学生分成几个小组,让学生通过小组合作的方式将整首歌演绎出来。教师可以录下最终的表演并播放给学生看,增强学生学习口弦的信心,同时这也是寓教于乐,让学生在欢乐的氛围中学习知识。

如此的教学方式可以让学生从了解口弦开始,逐渐对口弦产生兴趣,慢慢对彝族文化艺术产生兴趣。需要注意的是,在传承的同时取其精华,让彝族艺术文化散发它的光芒,让每一位学生都能体会到彝族艺术文化的魅力。在普通高中音乐课堂教学中积极推广、开展彝族音乐文化传承课程,可以促使学生了解彝族音乐文化,拓展文化视野,加强对优秀传统文化的自豪感和自信心。

总而言之,彝族拥有历史悠久的音乐文化资源、深厚的文化底蕴,但在各种其他文化的冲击下,彝族文化的传承效果并不佳。除了当地人之外还有很多人根本不了解口弦、不了解彝族。为了保障彝族文化的传播与传承,我们应该加强对彝族文化的宣传,使人们在日常生活中都能接受来自少数民族的文化熏陶!在中学音乐教学的民族音乐板块中融入彝族音乐内容,以寓教于乐的方式宣传彝族音乐文化,可以促进彝族音乐的现代化传播,并促使更多人自觉地保护少数民族音乐文化,发扬少数民族音乐文化。

四、彝族优秀传统音乐文化传承的意义

彝族的优秀传统音乐,是彝族人民经过历代劳动累积、沉淀下来的文化精髓,彝族音乐文化早已成为彝族人民生活的真实缩影。实际上,对彝族百姓来说,从他们出生的那一刻起,就开始接触彝族音乐文化了。经过数代人的传承,彝族音乐文化日日发展,"植根民间"的文化特色越发明显。但现代音乐的蓬勃发展严重挤压了中国传统音乐生存的空间,以至于我们很难给广大学生提供充足的资源,让他们接触、了解,甚至热爱上中国传统音乐。文化传承有助于增强学生的文化自信,在当今不断变幻的时代局面下,拥有对自身民族文化的自信感和认同感,是发展优秀传统文化最为根本的基础之一。石可破也,而不可夺坚,丹可磨也,而不可夺赤。中华传统音乐文化历经风霜几千载,其光芒不会因时代变迁、文化冲击而变得暗淡,我们应当教育学生体会传统文化之美,弘扬传统文化。传统文化不应该是专业书本里的一种老玩意儿,它应该无所不在、生生不息。

参考文献

[1]李华东.楚雄地区彝族民间音乐的传习实践思路[J].民族音乐,2018(6):16-17.

[2]邹莹.云南本土音乐进课堂实践与教学改革研究[J].音乐天地,2018(12):16-19.

[3]蔡晓静.贵州彝族音乐文化的现代性传播与重构[J].北方音乐,2017,37(24):35.

高中音乐歌唱模块有效课堂教学研究

四川省成都市中和中学　张馨月

摘　要：随着新课程标准的推广，有效教学被更多人关注，也成为关系学生成长的重要因素之一。本文以探究高中音乐歌唱模块教学为核心，对如何进行歌唱模块有效课堂教学展开研究，从教材的使用、学生的学习和收获状况、有效歌唱课堂教学案例的分析等方面，探讨优化教学模式的要素和方法，通过问卷调查和研究，寻找有效歌唱教学的新思路、新方法，希望能对高中歌唱教学提供一定的帮助，以促进学生成长，提升学生的歌唱技能。

关键词：高中音乐；歌唱；有效课堂教学

随着经济和信息全球化的发展，高素质人才需求量不断增加，这要求社会培养出全方位发展的综合性人才。在这样的教育背景下，教育部颁布的《普通高中音乐课程标准(2017年版)》中强调："普通高中音乐课程的性质，与义务教育阶段音乐课程的人文性、审美性和实践性一脉相承，同时体现普通高中课程方案提出的思想性、时代性、基础性、选择性和关联性，培育和践行社会主义核心价值观，培养学生的音乐学科核心素养，为落实立德树人根本任务、发展素质教育服务。"[1]因此，音乐教育作为素质教育的重要组成部分，能够帮助学生树立正确的民族观、文化观、美学观等。

现行的高中音乐教材共有6个模块，分别为音乐鉴赏、歌唱、演奏、音乐创编、音乐与舞蹈和音乐与戏剧，从不同角度搭建了较为完整的音乐模块体系。其中，歌唱模块因其易操作性和易接受性，教材运用量仅次于音乐鉴赏模块。

研究高中新课程音乐歌唱模块的有效教学十分必要，我们通过了解音乐教师运用歌唱模块教材的情况，以及对歌唱课堂实践教学的分析，希望寻找出有效的歌唱教学方法，进一步提高高中新课程音乐歌唱模块的有效教学水平。

---

[1]中华人民共和国教育部.普通高中音乐课程标准(2017年版)[M].北京：人民教育出版社，2018：1.

一、高中音乐歌唱模块有效教学概述

1.有效教学的概念

首先"效"根据其程度有高低之分,在同样的时间长度内快速地完成规定的任务,并且质量很高,我们就称之为"有效""高效",反之就是"低效""负效"。"有效"一词的英文翻译是"effective",被译为有效果的,有成效的。在"有效"的这个概念里,沈壮海教授曾提到关于"有效"的三个层次结构,即:有效首先关注的是对象性活动结果的效用性(对主体需求的满足程度);关注影响对象性活动结果效用性大小的各种因素和条件;关注对象性活动产生效用性结果的规律。①由此可见,要想了解关注的对象是否达到有效的程度,需要结合该对象的自身效用、过程效用、结果效用三个层面进行分析。

"有效教学"的英文是"effective teaching",这一思想理念在20世纪上半叶西方教学科学化运动,特别是美国实用主义哲学和行为主义心理学影响的教学效能核定运动后,引起了学者们的关注。其中"有效"主要指的是教师在现代化教学的模式下对学生进行授课,经过一段时间的教学,帮助学生取得一定的进步,有良好的收益。"有效教学"中的"教学"又指教师引导学生们学习的行为、方式。它具体包括三个方面:一是教师从一些有趣的切入点导入,激发学生的学习兴趣,在学生渴望学习的基础上进行教学。二是明确重难点,让学生们知道要学习的内容,学习上要达到一个什么样的有效程度。三是采用多元化的方式方法,因材施教,让学生更容易接受。有效教学归根结底离不开有效促进学生的全面发展,而学生的全面发展又是以有效改善学生的学习行为和改善老师的教学行为为前提的。②教学课堂则是有效教学的主阵地,教学有没有取得好的效果,最终要看学生学习结果的好坏。

有效教学就是要善于对教学课堂、教学环境、教学理念等进行优化,达到甚至超水平地完成教学活动中的教学目标,寻求理想的教学模式,帮助学生成长,使教学变得更有价值。

2.有效歌唱教学的内涵

有效歌唱教学就是要优化歌唱教学的模式,改善歌唱教学的方式方法,帮助学生提升歌唱能力,提高歌唱教学的效率。声情并茂的歌唱以及用文化的声音去歌唱都是包含于歌唱的有效教学当中的。音乐艺术最重要的特点是直接影响人的情感世界,其强大的感染力无须借助概念,直达人的心灵,而情感体验是实施音乐教育,实现以情感人、以美育人目标的重要通道。③

在音乐课堂当中,引导学生带着情感去歌唱是十分必要的。培养学生的歌唱情感,是实

---

①沈壮海.思想政治教育有效性研究(第二版)[M].武汉:武汉大学出版社,2008:13.
②钟启泉."有效教学"研究的价值[J].教育研究,2007(6):32-35.
③中华人民共和国教育部.普通高中音乐课程标准(2017年版)[M].北京:人民教育出版社,2018:2-3.

现有效歌唱教学的重要层面,它可以从三个方面来实行:一是在歌唱教学的过程中,音乐教师可以采取多元化的教学手段,结合歌唱作品的主题思想,引导学生去理解作品的情感内涵,对曲作者创作的主旨以及该歌曲创作的背景有基本的认知。二是利用现代化的教学手段。音乐教师利用多媒体设备把与所要学习歌曲相关的视频、音频资料呈现给学生,帮助学生在情感上产生相应的共鸣。学生在音乐教师的讲解和引导下,感同身受地体会曲作者创作时的心境。三是在不同的教学环节,深化情感的体验。歌唱课堂上除了视听,还可以有更多的互动环节。音乐教师可结合不同的艺术种类,帮助学生深入理解歌曲情感。比如在学习"浓郁乡情"单元里的必唱歌曲《半个月亮爬上来》的时候,教师可以进行"情景创造法"的教学,描绘一个有月亮的美丽夜晚的情景,加入相关的音乐,让学生们产生画面感,也可以利用投影仪进行绘画,画出教师描述的画面。

总之,以上三个方面的歌唱教学,能够很好地引导学生在歌唱中投入情感,再通过歌唱技巧的训练和巩固,最终使学生能声情并茂地演唱歌唱作品,实现有效歌唱教学的目标。

二、关于高中音乐歌唱模块教材的教学情况

本次调查使用的方法为问卷调查法,调查时长近1个月,从2017年1月3日至2017年1月31日,地点分别为四川省成都市新都一中和成都市新都香城中学,调查的对象是这两所学校高一和高二两个年级中的200名在校学生,其中新都一中高一、高二在校学生各50名,新都香城中学高一、高二各50名。各年级人数平均分配,便于后期对问卷调查结果的对比分析和总结。

1. 歌唱模块课堂教学的安排和学生对教材的认识

下面是对学校歌唱模块教学课程安排的分析,与附录1的第1~2题相关。(见表1)

表1 学校歌唱模块教学课程安排

序号	题目	选项及所占百分比数据	
1	学校对歌唱课的课时安排	每周一节 (50%)	隔周一节 (50%)
2	学校是否开设歌唱选修课	有 (100%)	没有 (0)

根据调查可知,200名学生中高一的学生选择的是每周一节歌唱课,高二的学生选择的是隔周一节歌唱课,为选修课。这样的歌唱课时安排和设计,较为科学。高二年级的歌唱选修课可以让学生学习到更多有用的歌唱知识,提高歌唱技术技巧。歌唱课丰富了学生的学习生活和校园文化内容,使歌唱模块课堂教学的效果得以提升。

下面是关于学生对人民音乐出版社出版的歌唱模块教材认识情况的分析,与附录1的第3~4题相关。(见表2)

表2　学生对歌唱模块教材认识情况

序号	题目	选项及所占百分比数据		
3	歌唱教材设计的内容你是否喜欢	喜欢(25%)	一般(50%)	不喜欢(25%)
4	你所使用的歌唱教材的难易度如何	偏难(36%)	部分较难(40%)	简单(24%)

根据调查可知,大部分学生音乐知识比较薄弱,识谱能力偏弱,有的学生没有专门学习音乐的经历,有的学生正处于变声阶段。歌唱模块教材中一些歌唱曲目的音域要求较宽,他们不能顺利完成演唱,容易失去歌唱的信心,除了一些艺考生以外,大部分学生没有更多的时间去钻研音乐知识。

要想提高学生在轻松的氛围里歌唱的效果,音乐教师一定要有耐心。要鼓励学生们去歌唱,增强他们的自信心。一方面音乐教师要有决心帮助学生提高演唱技能,另一方面要让学生认识到鉴赏和学唱艺术歌曲的好处。

2.学生学习歌唱的方式以及收获情况

下面是对歌唱教学课堂中学生学习歌唱的方式的分析,与附录1的第5~6题相关。(见表3)

表3　学生学习歌唱的方式

序号	题目	选项及所占百分比数据		
5	你容易接受音乐教师的哪种歌唱教学方式	示范(10%)	跟音频学唱(10%)	先发声训练,再示范,跟钢琴,最后跟音频演唱(80%)
6	音乐教师注重培养你们哪个方面的能力	发声训练技巧(0)	歌曲情感处理(0)	二者均有(100%)

根据表3的数据可知,学生学习歌唱的方式较为多元化。表3第5题的数据告诉我们,80%的学生容易接受的歌唱教学方式是先发声训练,再由音乐教师示范并且用钢琴伴奏,最后跟音频演唱。学习歌唱是一个循序渐进的过程,音乐教师先要熟悉手中的歌唱教材,了解自己所教授学生的性格、声音条件、音乐基础知识的储备量、学习歌唱的心态以及对未来的期望,为自己歌唱教学教案的设计提供信息,最终打造高效的歌唱课堂。

另外,表3第6题的数据告诉我们两所学校的音乐教师既注重训练学生们的发声技术技巧,又注重强化他们对歌曲情感的审美意识,要求学生们在理解歌曲主题大意的基础上,将理解到的歌曲情感带入歌唱当中,以情带声。总之,在这种细致的歌唱教学里,只有踏踏实实地学习歌唱,学生的歌唱能力才会得到有效的提高。

附录1的第7题研究了学生在歌唱课中学习的收获情况。根据对200份问卷的分析,可以将学生们学习歌唱的收获情况归类为以下三个方面:

第一,在音乐教师的引导下,学生对一些艺术歌曲的鉴赏和演唱、对演唱歌曲的音乐情感产生了新的体会,逐步树立了正确的思想观念、审美情感、民族气节等。在学习歌唱的过程中学生张扬了自我的个性,增强了创造能力。学生常常会在表演的过程中发挥想象,突破自我进行表演。

第二,学生经过对歌唱的学习,不仅学到了一些简单、实用的歌唱知识,还在音乐教师的帮助下提高了自己的歌唱技术技巧,学会了舞台表演的姿态。

第三,学生提高了文化修养,了解和认识了世界各地的音乐文化。在音乐教师的引导下,学生更好地学习和研究了与歌唱相关的知识内容,最终能够较清晰地传达和歌唱出声乐作品所要表现的思想情感,从而增强了自身文化涵养。

3. 音乐教师在歌唱教学中所面临的困惑

附录1中的第8题研究了音乐教师在歌唱教学中所面临的困惑,根据调查将音乐教师所反映出来的问题总结如下(见图1)。

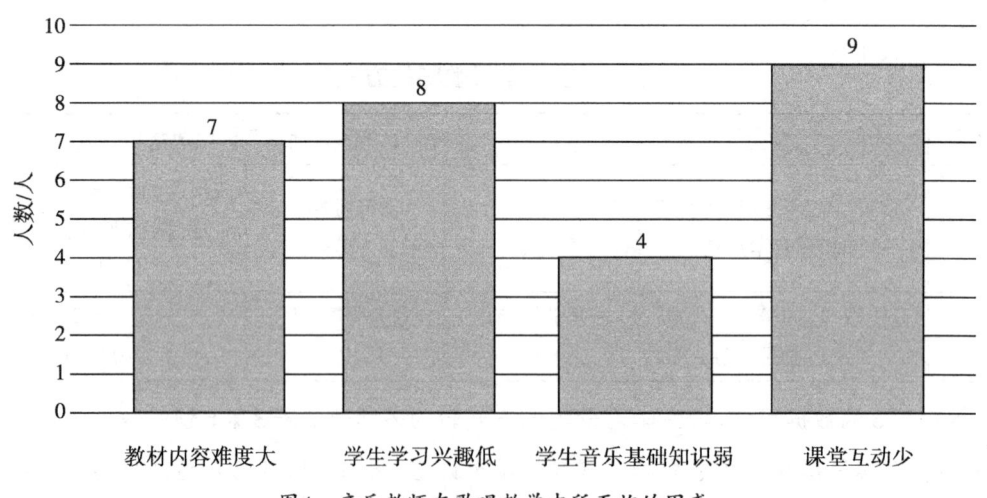

图1 音乐教师在歌唱教学中所面临的困惑

针对"教材内容难度大""学生音乐基础知识弱"这两点,音乐教师要了解学生们的歌唱水平,以及音乐基础知识的储备情况,在紧扣歌唱模块教材的基础上,为学生量身定做一门符合大多数学生现有基础的歌唱课。对于个别特别优秀的学生,音乐教师们可以采取因材施教的手法来指导。这样既面向全体学生,又注重个别优秀学生歌唱能力的发展。

针对"学生学习兴趣低"这一方面,音乐教师可以在歌唱课堂内,运用多媒体设备,适当地引入一些与歌唱教学内容相符合的趣味性的影音视频,或者音乐教师亲自表演,再或者给学生设定一些表演角色,让学生们置身于歌唱表演实践中,激发学生的表演兴趣,使其打开眼界、提高对歌唱模块教材的学习信心等,让歌唱教学更有意义。

针对"课堂互动少"这一方面,笔者认为和此阶段学生特殊的生理、心理上的变化有很大关系,特别是有很多学生容易产生羞涩、胆小等心理,歌唱课堂上不积极举手发言,不敢张口歌唱等。高中学习阶段的学生在生理和心理上正处于青春时期发育的最高峰。他们身体各机能的协调性正处在明显的变化当中。在熟悉和掌握学生们身心发展变化特点的基础上,音乐教师才更容易提升学生们的歌唱水平,优化歌唱教学方法。

以上就是对音乐教师们遇到的困惑所提出的一些建议和想法,笔者相信只有有恒心、有毅力,并且发自内心地热爱歌唱事业,刻苦钻研,我们的歌唱教学才会不断进步,不断优化。

三、高中音乐歌唱模块课堂教学的应用实践

1. 中国艺术歌曲的有效教学

在高中音乐歌唱模块教材中,中国艺术歌曲是学习的重要内容之一。通过学唱这些歌曲,学生可了解中国艺术歌曲的主要经典曲目,积累更多的中国音乐文化素养,增强民族自豪感和自信心。在此,本文以《踏雪寻梅》这首歌曲为例,进行这一领域有效教学的探索。

(1)《踏雪寻梅》教学案例

①教学课题:学习合唱歌曲《踏雪寻梅》

②授课年级:高二年级

③教材分析

合唱歌曲《踏雪寻梅》由黄自作曲、刘雪庵填词、杨鸿年改编。歌曲旋律轻快、跳跃,歌词内容活泼生动。全曲展现了寻梅人骑着驴、踏着雪、闻着蜡梅的雅致生活画面,人们欣赏冬季晶莹剔透的雪花世界,如梦境一般,充满了喜悦之情,表现了孩子们天真的个性以及热爱美好生活的心境。全曲分为A、B、C三段,A段是高声部演唱主旋律,B段是低声部演唱主旋律,C段是中声部演唱主旋律。这样的编排增强了歌曲的情绪起伏,演唱时具有较好的表现力。

④教学目标

a.学习合唱歌曲《踏雪寻梅》,让学生们分三个声部单独进行学习。

b.让学生们学会把握合唱歌曲《踏雪寻梅》的音乐情绪,以及在演唱时与其他声部的配合。

c.让学生们通过学习合唱歌曲《踏雪寻梅》,充分感受和体会歌曲旋律与歌词所呈现出来的孩子们骑着驴去欣赏冬季雪景的愉悦心情。

⑤教学重点

学习三个声部的歌唱,在合唱中感受它们之间的配合。

⑥教学难点

在歌唱技巧上:保持气息的连贯性和控制声音的能力。在歌唱情绪上:准确把握情感,以情带声进行演唱。

⑦教学过程

a.导课

音乐教师先利用多媒体给学生们播放一段以雪景为背景,儿童在雪地上堆雪人、打雪仗的视频,配乐为钢琴版的《踏雪寻梅》,然后告诉学生他们所听见的背景音乐便是今天要学习的合唱歌曲的主旋律,它的名字叫《踏雪寻梅》。

b.进入新课

·向学生们简单介绍今天要学习的合唱歌曲《踏雪寻梅》的曲作者黄自、词作者刘雪庵以及改编者杨鸿年三位先生的生平和他们对音乐的贡献。

·向学生们展示合唱歌曲《踏雪寻梅》的歌词,并请学生们有节奏地大声朗读。

c.歌唱发声训练

d.音乐教师分析合唱歌曲《踏雪寻梅》的乐谱

·在合唱歌曲《踏雪寻梅》的引子部分,音乐教师安排两名学生分别用三角铁、沙锤和着提前写好的节拍,有节奏地配合钢琴进行演奏,带动学生欢快的情绪。

·低声部先以"*mp*"中弱的音色从第2小节进入,高声部则以"*p*"较弱的音色从第3小节进入,并且第2小节到第7小节均以低声部的演唱为主,高声部以背景的形象与低声部相互呼应,让听者感受到冬天的雪花轻柔地漫天飞舞的情景。

·进入合唱歌曲《踏雪寻梅》A段的分析。

·进入合唱歌曲《踏雪寻梅》B段的分析。

·进入合唱歌曲《踏雪寻梅》C段的分析。这一段是整首歌曲的高潮段落,由中声部唱主旋律进入。第61小节到第64小节出现了一个连续循环的卡农。(注:教材的原谱为简谱,这里为了统一,改用五线谱的形式展示谱例1)

谱例1

谱例1，在听觉上有紧凑感，演唱的时候，各个声部要注意切入点，把握好节奏，不能抢拍子，不能拖延拍子。

e. 师生互动

音乐教师可以教授学生们两个简单好看的表现雪花飞舞以及摇动铃铛的舞蹈基本动作，分别加入合唱歌曲《踏雪寻梅》的演唱中，丰富合唱的表演形式。接着选出一位有指挥经验的学生来指挥，音乐教师弹钢琴伴奏，让学生们按照音乐教师对整首合唱歌曲《踏雪寻梅》的分析，加入舞蹈基本动作。最后，引导学生注意控制声音和气息，有感情地演唱全曲。

（2）实践反思

本节课中特别值得提倡的是，音乐教师对整首歌曲逐句的剖析，每一个小点都讲解得细致入微，这样可以帮助学生更好地理解所学歌曲的思想内涵。在歌唱的时候，学生可以正确地运用好情感，完整地演绎整首合唱歌曲。这一过程，有助于引导学生学习如何鉴别乐曲中呈现出来的美，达到美育的教育目的，让学生在歌唱中提高审美意识和审美品位。

另外，在整个歌唱教学的过程中，音乐教师为了更好地激发学生唱出这首合唱歌曲中愉悦的情绪，设计了导课中播放冬天雪景的视频等教学环节，特别是对第70小节和第71小节的音乐色彩的处理，设计了激发学生们去想象这场踏雪寻梅活动的游玩环节，让人印象深刻。音乐教师还在这首合唱歌曲的引子部分中加入了打击乐器表演，为学生们营造出欢乐的氛围。不足之处在于音乐教师设计的环节复杂了一些。

总之，这一节课是从歌唱发声训练到合唱歌曲乐谱的剖析，再到学习简单的舞蹈基本动作，最后到有感情地演唱合唱歌曲《踏雪寻梅》。这一节歌唱课的内容设计显得井井有条。课堂中师生互动得当，音乐教师对学生歌唱知识点的输入清晰，激发了学生们的表演欲望，最终完成了该合唱歌曲的演唱，取得了较为有效的歌唱教学效果。

四、高中音乐歌唱模块有效教学的思考

结合笔者对调查结果的分析,以及近十年的音乐教学经验,对如何提高高中音乐歌唱模块有效教学水平提出了三点思考。

第一,从学校方面来说,学校应支持艺术工作的开展,为其提供便捷的条件,建设好音乐教学的软硬件设施。要科学地安排学校的音乐教师参加各种形式的音乐教研活动,帮助音乐教师在歌唱教学中引入先进的歌唱教学理念,打造有效的歌唱教学课堂。

第二,从音乐教师方面来说,音乐教师要尽量通过不同的渠道争取机会,参加各类歌唱教研的培训,提高歌唱专业技术技能。平时多旁听其他音乐教师的歌唱课,学习他人的优点,充实自己的歌唱课堂教学。音乐教师还要多阅读各类书籍,提升思想素养,特别是要拥有庞大的知识储备量,丰富歌唱课堂教学的内容,提供更多的知识点供学生学习。作为音乐教师,还要了解学生们的心理与生理特征,熟悉和掌握手中的歌唱模块教材。在歌唱课堂中,透彻地分析好每一节课的重难点,丰富教学语言,提升自己的亲和力,让学生爱上歌唱这门艺术。

第三,从学生方面来说,学生应清楚地知道,歌唱这门艺术学科在高中教育阶段的功能作用是加强学生的素质教育,提高学生的审美品位。学生应多了解学习歌唱的好处,学会鉴赏美,掌握一定的歌唱发声技巧和学会用情感歌唱。学生们除了上好每一节歌唱课之外,还应积极参加学校举办的各类艺术活动,这样既有助于减轻学习上的压力,也可以锻炼舞台表演能力。

总之,这三者之间是相互联系、相互促进的。只有相互之间进行良好的配合,产生良性循环,才能收到有效的效应信号,才会使高中音乐歌唱模块的有效教学水平大幅度提高。

五、结语

高中的音乐歌唱教育在学生的心中是放松心情、释放压力、调节情绪的一个有力途径。在素质教育地位不断提升的今天,音乐课在高中课堂安排中得到了一定的重视,高中歌唱教育也发生了巨大的变化,不仅拥有常规课程,还有了校本课程、选修课程,大部分学校还拥有自己独立的音乐教室、音乐器材设备室、音乐艺考生形体室、艺术厅等等。这些因素对于高中音乐歌唱教育的发展十分有益。相信随着高中音乐歌唱教育水平的不断提高,我国高中音乐教育一定会有更光明的未来。

参考文献

[1]中华人民共和国教育部.普通高中音乐课程标准(2017年版)[M].北京:人民教育出版社,2018.

[2]沈壮海.思想政治教育有效性研究(第二版)[M].武汉:武汉大学出版社,2008.

[3]钟启泉."有效教学"研究的价值[J].教育研究,2007(6):31-35

[4]人民音乐出版社,北京教育科学研究院.普通高中课程标准实验教科书·音乐·歌唱[M].北京:人民音乐出版社,2009.

[5]张前,刘清华.普通高中课程标准实验教科书·音乐·歌唱[M].长沙:湖南文艺出版社,2006.

[6]广东基础教育课程资源研究开发中心音乐教材编写组.普通高中课程标准实验教科书·音乐·选修(简谱版)歌唱》[M].广州:花城出版社,2006.

[7]余笃刚.声乐教育学[M].上海:上海音乐出版社,2009.

[8]扶丽娟.高中歌唱教学的现状调查与实践研究[D].长沙:湖南师范大学,2013.

[9]张昊.我国高中新课程音乐教科书(歌唱模块)的思考与研究[D].重庆:西南大学,2012.

附录1：

关于歌唱教材及课堂情况的问卷调查

各位老师同学：

  你好，本次问卷调查的目的是了解新课程音乐歌唱教材的使用以及课堂教学的相关情况。本次问卷调查以不记名的形式开展。简答题请你根据自己真实的情况认真作答。

1. 学校对歌唱课的课时安排？

  A.每周一节 B.隔周一节

2. 学校是否开设歌唱选修课？

  A.有   B.没有

3. 歌唱教材设计的内容你是否喜欢？

  A.喜欢 B.一般   C.不喜欢

4. 你所使用的歌唱教材的难易度如何？

  A.偏难 B.部分较难 C.简单

5. 你容易接受音乐教师的哪种歌唱教学方式？

  A.示范 B.跟音频学唱 C.先发声训练，再示范，跟钢琴，最后跟音频演唱

6. 音乐教师注重培养你们哪个方面的能力？

  A.发声训练技巧 B.歌曲情感处理 C.二者均有

7. 学生简答题：你在歌唱课上学习歌唱有什么收获？

8. 教师简答题：在歌唱教学中，您遇到了哪些困惑？对解决这些困惑有什么样的建议？

再次谢谢你利用业余的时间对本次问卷调查作答，祝你身体健康！

调查日期：

京剧文化传承的教学策略实践与探索
——以《看大王在帐中和衣睡稳》教学为例

棠湖中学实验学校 刘启

> **摘　要**：文化自信是一个民族、一个国家对自身文化价值的充分肯定和积极践行，是对我们自己文化的生命力持有的坚定信心。如今流量为王，我一直在思考：如何让孩子走近京剧，了解京剧，喜爱京剧，乃至主动地传唱、弘扬京剧；如何建立师与生，生与京剧唱段之间的情感纽带；拿到一个京剧唱段，教师可以如何切入，如何设计；如何让学生在学习的过程中通过音乐实践活动去体验和表演京剧的气韵之美。本文以《看大王在帐中和衣睡稳》为例，就学校音乐教育背景下的戏曲教学范式作了一点思考和总结。
>
> **关键词**：教学策略；京剧文化；教学实践

作为我国的"国粹"、艺术瑰宝，京剧，经历过举国为之痴迷沸腾的黄金时代，随着世界日新月异的发展和进步，在多元化娱乐形式的冲击下，慢慢从辉煌走向落寞。当代初中生熟知流量明星，能细数摇滚蓝调，却再难哼出老祖宗留下的这"湖广腔、中州韵"的动人旋律。京剧舞台上的唱念做打，手眼身法步，无不历经千锤百炼，无不历经艰苦磨砺。声形俱美、气势恢宏的国粹京剧，是学生在音乐课堂中感知民族音乐之美，塑造文化自信的优秀素材。因此，教师在教学实践中不可草草路过，不应泛泛而谈。

一、戏曲教学不成功的原因

在我初登讲台那几年，我是见"戏曲"则跳过的。细思原因，有三。一是我没怎么听过，我也觉得自己并不爱听；二是大学读了四年，唱了好几个国家的戏曲，却从未唱过京戏，老师没教过，我也就自觉不会唱；三是我自己都无法想象如何让这群追捧着当下流量明星的"00后"喜爱唱京戏。所以，开卷见京戏，绕道而行之。教师畏难，提前转弯变道，学生自是无从得识国粹天颜。后来与诸多同行交流，大家除了有和我同样的原因外，还有几分无可奈何。有人尝试过按照课堂要求开展京剧教学，却因自己的知识储备不足、学生兴趣不够、课堂晦涩无味而一次次败下阵来。教师如果知识储备不足,就不足以在京戏教学课堂中游刃有余,无法应对学生天马行空的好奇心,自然也无法牢牢地吸引住学生。学生在最初的猎奇之后没有得到进一步的指导,还要面对比一般曲目更复杂的旋律、更长的拖腔、更考究的咬字……,打转几圈而不得法,马上就在课堂上显出逆来顺受的麻木来,音乐课堂也就像一个抽成真空的细颈瓶,充满窒息的味道。

二、教好戏曲唱段的钥匙

转机是一首戏歌带给我的惊喜。一次合唱比赛,听从同事的建议,我们选择了戏歌《唱脸谱》,以黑马之姿赢得第一名。同学们手持脸谱,边唱边演,有韵有味,有板有眼,让我对我以前眼中的"过时艺术"刮目相看。以合唱排练中的表演和编排为灵感,我在高一高二学生的音乐课堂中尝试戏歌教学,没想到效果颇好,这戏歌教学课上到了南充,上到了宜宾,还上到了攀枝花。最重要的是,我在这一次次的打磨和历练中,为了给学生上好课,倒逼自己要先去听、去看、去学、去唱、去了解,然后被老祖宗留下来的这份艺术瑰宝深深迷倒了。有语云:桃李不言,下自成蹊。原来好的音乐自己也会说话,只要我们给她时间,给她一颗不含无知的傲慢和偏见的心,她就能用那厚厚的文化积淀出来的沉甸甸的美挑下面纱,没有谁会愿意错过这场声形俱美、气势恢宏的艺术盛宴。我渐渐对戏曲教学课的兴趣越来越浓厚,想尝试真正的京剧教学,经典唱段《看大王在帐中和衣睡稳》就成了我的试验品。

第一次,戏曲教学课以跌宕起伏的故事(从虞姬表露出对霸王的爱恋,到她忍住内心的担忧苦闷去安慰霸王)为开端,学生与耳熟能详的历史人物在音乐课堂上"相见",以这份新鲜感为动力学完了这个唱段。我发现高中学生并没有我想的那么抗拒京剧学习,他们虽然没有表现得多么主动,但起码愿意开口来唱。第二次,我们一起先读歌词,猜故事,以歌词为线索,加上自己的想象和理解,去猜人物身份,去补故事情节,去演故事。第三次,你演将军她做虞姬,学生在角色的变换中玩得不亦乐乎。第四次,一个个问题也随之产生:霸王别姬的故事是在什么样的时代背景下发生的?虞姬之美如何在京剧表演中得以体现?几位京剧大家在演绎中选了什么不同的艺术处理方式?为什么有那么长的拖腔,和人物身份有关系吗?第五次,我们一步一步在音乐中回答了自己的问题,找到了充满说服力的答案。原来,步步皆是风景,处处都有文章。第六次,我和学生一起厘清尖团字,突出重音,表现休止,希望再现虞姬的蹙眉之美。再一起观看视频学习名家名唱,学眼神,学动作,一招一式,渐渐成形。第七次第八次第九次,我开始想教京剧唱段,学生开始想唱京剧唱段。再后来,我跑遍成都的大小乐器店,终于买齐锣鼓经伴奏中常用的四件套。丁零当啷不停作响的一大箱子让我非常踏实,有了这些宝贝,锣鼓经的魅力一秒就能让学生燃起好奇心和动手欲。从最简单的人物亮相"嘣噔呛"到人物上场的"慢长锤",再到通力合作的"四击头"……,在一次次的尝试中,在无数次四目相对的会心一笑里,我感受到京剧给我的音乐课堂乃至我个人带来的勃勃生机,我觉得自己摸到了一点点戏曲教学的门路。

三、戏曲教学成功经验和范式

如果说我的京戏唱段普及课效果尚可,那么我认为收获有以下几条。

1. 找到情感联系的纽带

亲其师信其道,要先找到学生与老师情感联系的纽带。情感纽带来自平等和谐的课堂氛围,来自互动良好的师生关系,这两点的很多功夫要做在课外。如教师是否熟悉学生,是否了解学情,再者,教师是否真正在课堂上先打开自己,再想着去激励学生。首先,教师要先走在前面,再走在旁边,最后跟在学生后面。走在前面,要了解作品,深挖作品,要精心设计,要充分准备。走在旁边,与学生站在一起,一起学习,一起尝试,一起提问,一起探索。走在后面,跟在学生身后,让他思考,让他碰壁,让他反思,让他自然生成兴趣,让他在实践里得真知。其次,还要找到学生与这首音乐作品或作品中的角色人物的情感纽带,要帮助学生走进人物内心,了解人物,争取去急人物所急,想人物所想,明白人物处境,剖析人物性格。最后,让学生发其声,鸣其志,共其情。

2. 突破戏曲唱法的难点

每一折京戏都是一个或荡气回肠或跌宕起伏的故事,背后有历史、有故事、有人物、有性格,有血有肉,有板有眼。每一个唱段的难点和特点在其行当唱腔中,在其节奏板式里。就以本课为例,人物虞姬,行当青衣,南梆子原板唱腔,在这个唱段中有人物情绪,有场景的细腻描写,轻移步猛抬头,节奏有张有弛,并交代听到了士兵闲语,心里非常愁苦。在共情阶段之后,教师应从音乐要素上让学生感受唱腔特点,突破理解的难点。在教学过程中,以疑问引导,以趣致激发,从念到简单的一两句学唱,从分清、念对尖团字再到唱好尖团字,教师要步步为营、耐心细致。"治大国如烹小鲜",上好一节京剧普及课也给了我类似的感受。

3. 体验戏曲唱段美的意蕴

在一节短短的四十分钟的音乐课中,如何让学生去体验京剧唱段美的意蕴,我想,最好的体验莫过于让学生自己就变成美本身。即在"唱""做""打"的实践中,引导学生去切身体验和感受变"美"的过程,以自身慢慢接近"成功"或者说进步的过程,去体会唱段之美,体察角色性格的多彩,体味京剧的形神兼美、气势恢宏。在教学过程中,学生的演唱从白开水一样,到声情并茂、手舞足蹈、气势宏美,最终实现京戏美的意蕴由学生自己生发,也由学生自己全身心感受、体验和实践。

我自知经验浅薄,我也晓得自己那点自学的京剧基础在行家面前肯定捉襟见肘,要想上好这节课还应下功夫,下苦功夫。勉力总结经验,提炼范式,不过一个倒推之法,先想本唱段学生要如何完整表现,再倒回去层层铺排。谨以小文一篇,并附《看大王在帐中和衣睡稳》教学设计方案一份(见表1),供大家批评指正。

表1 教学设计方案

\multicolumn{4}{c}{《看大王在帐中和衣睡稳》教学设计方案}
课题	《看大王在帐中和衣睡稳》	课型	唱歌综合课
教材	人音版高中音乐鉴赏(必修)	学习时间	一课时
学习对象	高一	学习实施	刘启
学习内容	欣赏《看大王在帐中和衣睡稳》中的片段,并参与音乐实践		
学情分析	高一年级的学生有着强烈的好奇心和求知欲,他们喜爱音乐,但大多数都热衷于时下的流行音乐,对国粹"京剧"知之甚少,兴趣寥寥。他们有表达自己的意愿和表现自己的倾向,但是较初中学生已有很大不同,他们更矛盾更内敛,因为年龄特点,他们更在意别人对自己的看法,这使得他们在音乐课堂上的学习和表达显得拘束谨慎。通过长久以来的学校音乐教育,他们已经具备初步的音乐审美感知能力。作为一名音乐教师,我理解学生的这种谨慎,所以以自己的范唱、用"照镜子"等教学方法来组织教学,希望以落落大方的态度卸下学生的心防,让他们大胆地加入进来,以本课为开端和载体,让学生去了解京剧基本知识,再以四大行当中的"青衣"、唱念做打中的"唱""做"和武场面的锣鼓经伴奏为学习线,引导他们去了解戏曲的魅力与价值,激发出他们对京剧的兴趣,鼓励他们传承和弘扬我国的传统艺术文化		
学习目标	1.本课的学习目标在于欣赏《看大王在帐中和衣睡稳》中的片段,初步了解京剧的相关知识; 2.通过聆听模仿、合作探究等音乐课堂活动,使学生感知、体验京剧中的唱腔、锣鼓经等艺术表现形式; 3.在感知体验戏曲艺术表现手法的基础上提高学生对学习国粹京剧的热情,为传承弘扬京剧艺术奠定一定的基础		
学习学法	感受体验、互动参与、合作探究、启发学生联想与想象		
学习重点	聆听《看大王在帐中和衣睡稳》,积极引导学生感知、模仿、体验青衣的唱腔、京剧的表演以及锣鼓经等的艺术表现特点,培养学生主动参与表现的能力		
学习难点	在"唱"和"做"中表现虞姬蹙眉深愁的艺术形象,初步感知和体验锣鼓经的表现形式		
课程资源	课件、音视频资料、网络资源		

续表

	学习过程		
学习环节	教师活动	学生活动	设计意图
课前氛围	播放《看大王在帐中和衣睡稳》伴奏	聆听、感悟、思考音乐风格	初步感受京剧唱段《看大王在帐中和衣睡稳》的整体氛围
导入新课	1.音频欣赏导入新课教学 问：这是什么艺术形式？ 　　你知道哪些京剧知识？	问答中梳理已有的京剧知识，了解本课教学重点，走近京剧	听觉先行，以问答梳理思路
新课学习	2.老师范唱 问：主人公是谁？唱的什么内容？ 初读乐句(表现青衣性格，讲解板眼，读出重音) 3.根据我们的分析，哪个地方最能表现虞姬心中的忧愁？ 4.学唱第一个乐句 (1)识唱简谱 (2)找难点、特点，发现并唱好大跳、倚音、垫字等 (3)安入歌词 (4)在聆听中，找出上口、尖字，唱出京剧的味儿 (5)融入情境，层层推进 5.问：京剧中的四大功夫是什么？ 6.边唱边"做" 7.伴奏烘托气氛，加入打击乐器 (1)讲解锣鼓经 (2)念一念锣鼓经 (3)打一打锣鼓经 (4)选择适当的位置用学到的锣鼓经为歌曲伴奏 8.综合表演	学生简单描述虞姬霸王的故事 读一读歌词 视唱简谱，并唱好曲中出现的倚音、下滑音、语气垫字等 随着自己的唱来"做一做"，体验京剧声形俱美的艺术魅力 学打锣鼓经，判断适合用锣鼓经的地方，并与同学配合完成综合艺术表演	老师示范来激发学生进一步学习的兴趣，帮助学生了解人物、分析歌词、理解唱段内容 引入学生需要掌握的部分 了解青衣唱腔特点，并控制音色 以四大功夫的知识引出下一步的要求，即边唱边"做"，让京剧的实践学习更进一步 打击乐器的加入让学生的演唱更有氛围
学习拓展	9.小结、下课		小结反思
学习小结	鼓励式评价并聆听学生今日学习的感想。鼓励大家从本节课开始去靠近京剧、了解京剧、喜爱京剧，发扬光大这门老祖宗留下的瑰丽艺术！	谈一谈自己本节课的收获和对京剧的理解	

续表

教学环节	
板书设计	看大王在帐中和衣睡稳 青衣　南梆子　锣鼓经
多元评价	发展性评价,关注学习过程中学生思考、参与、合作、创编、表现的状态,注重学生艺术鉴赏和创编能力的发展
总结反思	京剧底蕴深厚,余味悠长,任何一处选出来都可大讲特讲。面对一节普及性的40分钟的音乐教育课程,我踟蹰许久,最终选了"唱""做"为主线。"唱",是学习青衣醇厚流丽的唱腔。"做",是配合歌词,边唱边演,在表演中加深和加强对角色的理解和表现力,增进对这首京剧选段的认知和兴趣。引入锣鼓经,让同学们亲手去敲一敲,一方面丰富演唱的表现力,另一方面增进对京剧相关知识的了解,尽力管中窥豹,激起学生对京剧的兴趣,以此课为开端和契机,让学生去走近京剧,了解京剧,喜爱京剧。遗憾的是:一方面,自己本身未有严格正统的京剧学习经验,依葫芦画瓢的模仿范唱未能将原汁原味的京剧魅力带给孩子们;另一方面,在准备的过程中,也深深感到我国京剧艺术的博大精深,自己通过网络查询的知识未必精准和严谨,如以后还有机会,仍需要再潜心学习京剧各个方面的知识,在授课过程中还需仔细推敲字句,避免笼统、含糊、不严谨的表达。这一节课,是给学生上,也是给我自己上,像一面镜子,让我看到了自己知识的匮乏,也感知到了国粹的魅力

参考文献

[1]中华人民共和国教育部. 教育部关于全面深化课程改革 落实立德树人根本任务的意见[EB/OL].(2014-03-30)[2020-11-25].http://www.moe.gov.cn/srcsite/A26/jcj_kcjcgh/201404/t20140408_167226.html.

[2]余文森.核心素养导向的课堂教学[M].上海:上海教育出版社,2017.

基于学科核心素养的高中音乐鉴赏教学的实践探究
——以古琴曲《流水》为例

西华师范大学附属中学　陈川

> **摘　要**：核心素养及其培育的提出，引发了新一轮教育革新，也引起了我的思考。作为高中音乐教师，要能及时顺应当前新课标体系的要求，引导学生掌握鉴赏音乐作品的多种方法。采用确立教学主线、引领审美感知，重视情感体验、丰富艺术表现，拓展音乐视野、加强文化理解等方式提升学生的学科核心素养，使学生形成人的全面发展角度的必备品格和关键能力，从社会发展角度上实现音乐立德树人的价值。
>
> **关键词**：核心素养；音乐鉴赏；古琴曲；《流水》

《普通高中音乐课程标准(2017年版)》指出音乐学科的核心素养包括审美感知、艺术表现和文化理解三个方面[①]，感知是起点，表现是发展，理解是拓宽。这表明了音乐的审美心理及其结构的形成、发展路径，即以把握音乐学科的本体和独特性为起点，充分向学生展现音乐的表现形式，使其领略和享受音乐的美，形成基于音乐之美的文化理解，实现美育精神的塑造，形成人的全面发展角度的必备品格和关键能力，从社会发展角度上实现音乐立德树人的价值。那么，我们在进行欣赏课教学的过程中应该怎样围绕教学目标，指导学生更好地感受音乐、表现音乐并形成基于音乐之美的文化理解，实现音乐立德树人的价值呢？在此，本文以古琴曲《流水》的教学实践为例，围绕高中音乐鉴赏教学过程中有关教学主线的确立、音乐情感的体验和音乐传承的价值等方面与音乐学科核心素养相融合，谈谈本人对高中音乐鉴赏教学的一些想法和感悟。

一、确立教学主线，引领审美感知

教学主线就是科学合理的"教学的思路"，好的教学思路应讲究教学过程的流畅之美，讲究教学资源的整合之美，讲究教学内容的生动之美，讲究教学双方的互动之美，因此教学主

[①] 中华人民共和国教育部.普通高中音乐课程标准(2017年版)[M].北京：人民教育出版社，2018:4.

线就自然而然地成为了一节课的灵魂①。对于如何设计音乐鉴赏课古琴曲《流水》的教学主线,我认为本课应该以古琴独特的音色变换与不同音乐要素相结合描绘出的不同的"流水"形象为主线,确立教学主线的设计方向,引领学生对音乐的审美感知。由于课堂教学时间有限,在进行鉴赏教学之前,可以要求学生去查阅有关古琴及古琴曲《流水》的相关资料,提前了解这部作品的相关知识。在课堂上我首先引导学生通过观察名家演奏的古琴视频,了解"散音""泛音""按音"的演奏方法,感知总结出"散音""泛音""按音"三种音色不同的特点;接着整体聆听古琴曲《流水》,进一步感知古琴音色变化和乐曲结构之间的关系;然后分段欣赏音乐,引导学生思考古琴不同音色与不同音乐要素相结合描绘出的不同的"流水"形象;最后再次整体聆听全曲,引导学生关注音乐"起承转合"的结构特征与音乐要素、演奏技法和音色变化的关联,让学生明白不同的古琴音色和演奏技法与不同的音乐要素相结合会描绘出不同的音乐情景。相信学生在以上教学思路的指引下定能循序渐进地随着古琴音色的变化感受到这首流动养古琴曲的美。琴声时而低沉婉转,时而明亮跳动,时而澎湃汹涌,赋予了流水顽强的生命力与崇高的灵魂,学生头脑里会自然浮现出生动的不同的流水形象。

二、重视情感体验,丰富艺术表现

音乐情感体验是指学生在听、唱、奏、动等音乐活动中,通过直接体验和间接体验,用音乐表达与抒发情感,这是音乐从音响形式转化为情感本质的关键过程。音乐情感体验能力是重要的音乐素养,为了在高中音乐教学中促进学生音乐情感体验能力的提升,教师可以引导学生通过音乐的表现形式进行直接的感知,并引导学生在音乐鉴赏活动中根据音乐表象进行适当的联想,只有这样,才能使学生更加深入地感受音乐作品中的情感。在《流水》一曲中,我通过对比的形式引导学生从音乐的节奏、音色、速度、力度、调性等要素的变化来理解不同的音乐要素与不同音色的结合会描绘出不同的"流水"形象,引导学生通过演唱主题音乐、感受旋律的起伏变化、用自制的简易古琴模仿"散音"的弹唱、模仿"滚拂"的奏法等多种音乐实践活动总结出:主题音乐用缓慢的速度、较弱的力度,疏松的节奏结合明亮的"泛音"音色为我们拉开了一幅小溪潺潺的美丽图景;接着音乐继续发展,用渐快的速度,中强的力度,较密集的节奏加上婉转的"按音"音色描绘了小溪汇成江河的画面;突然音乐情绪急转直下,采用速度加快、力度加强结合"滚拂"技法的形式有力地描绘了水石相撞、旋涡急转、瀑布飞流等景象;最后部分再现了第二部分的按音曲调,采用"泛音"音色和"滚拂"演奏,速度由快到慢,节奏先密后疏,用较弱的力度,使画面趋于平静,与前面段落形成呼应,形成了"合"

---

①任明娟.基于学科核心素养的高中音乐鉴赏教学的实践探究——以小提琴协奏曲《梁祝》为例[J].北方音乐,2020(8):126-127.

的效果,形象地表现了流水似乎已经穿越急流险滩,以从容不迫的姿态向前奔流,浩浩荡荡地注入大海。通过我的引导、学生的想象描述,一幅生动的山水画卷就展现在了我们眼前。接着我进行情感启发:本曲作者仅仅意在写景,还是想表述什么?这样一层层诱导,让学生感悟到此曲不仅歌颂了祖国壮丽的山河,更隐喻了古人博大的胸襟与进取精神,从而明白我们要学习流水百折不回的精神,遇到困难要有迎难而上、勇往直前的勇气。这样学生的情感就得到了升华。

三、拓展音乐视野,加强文化理解

引导学生鉴赏一首音乐作品,让学生真正领悟作品的思想内涵,一定要引导学生理解作品的创作背景或者作者的创作意图。课前我让学生收集了解关于《高山流水遇知音》的故事以及古琴这门乐器的发展史,课上我向学生讲解《流水》的来历。《高山流水》以前是一曲,流传至唐代时,这首曲子就分成了《高山》和《流水》两个部分,现在欣赏的《流水》版本多是流传至清代中叶,由川派琴家张孔山根据前人的琴谱加工和改造的,共分四个部分,它采用民族音乐中"起承转合"的结构特征向我们生动描绘了"流水"的各种形态。只有让学生了解了古琴所蕴含的历史价值和《流水》的来历才能更好地让他们理解作品所蕴含的人文情怀。

在教学过程中,为了拓展学生的音乐视野和发展学生的音乐思维,我引导学生思考并讨论:为什么美国发射的名为"旅行者1号"的宇宙飞船携带的镀金唱片选择了《流水》这首古琴曲?通过交流讨论,让学生知道:"旅行者1号"所载的唱片意在用最抽象的艺术语音与外太空生命进行信息交流。当时请哥伦比亚大学教授周文中推荐一首中国乐曲,周文中毫不迟疑地答道:"《流水》! 这是一首人类意识与宇宙共鸣的冥想曲,古琴这种乐器在耶稣降生之前就有了。自孔子时代起,《流水》一曲就是中国文化的组成部分。选送这首乐曲足以代表中国。"周文中教授的这段话说明《流水》已经作为古琴音乐的代表作成为了中国文化的象征之一。

我还向学生介绍了:在我国近些年的中国风乐器演奏中,西洋管弦乐器的应用极为普遍,在2016年G20杭州峰会文艺演出中《高山流水》曲目就运用古琴、大提琴以及中国鼓合作演奏,这是西洋管弦乐器在中国风乐曲演奏中的融合应用。通过引导学生聆听观看视频片段,让学生认识到中华民族音乐文化的博大精深,让学生理解不同文化语境中音乐艺术的人文内涵,让学生以平等的文化价值观理解世界音乐的多样性和融合性。

四、弘扬民族音乐，关注文化传承

古琴作为中国最古老的弹拨乐器之一，是我国传统人文精神的化身。古琴音乐承载着古老的中华传统文化，所以激发学生弘扬古琴艺术以及古琴音乐文化是本节课的教学目的之一，也是《普通高中音乐课程标准（2017年版）》的基本理念之一。在引导学生弘扬民族音乐、坚定文化自信的同时，还要引导学生关注古琴曲《流水》的传承。在课程的最后阶段，我引导学生观看影片《乱世之定秦剑》片段。《乱世之定秦剑》描写了在群雄纷乱的秦朝，英雄豪杰为了共同守护可以稳定天下的定秦剑，誓要战斗到生命的最后一刻。影片中就采用了《流水》片段来映衬电影所要表达的思想，即"流水"百折不回的精神，遇到困难迎难而上，勇往直前……这部影片里《流水》片段的运用很好地体现了古琴曲的文化价值和传承价值。

总的来说，在当前的高中音乐鉴赏教学中，培养学生音乐核心素养是十分重要的教学目标。教师要采用符合高中生心理特点的方式对教学过程进行优化与完善，把自己的课堂教学变革作为落实核心素养的切入点、突破点和成长点，只有聚焦课堂，才能让核心素养真正落地，促进学生智慧的成长。也只有这样，才能不断促进高中学生音乐学科核心素养的形成，并且在形成的过程中落实"立德树人"的育人目标！

参考文献

[1]中华人民共和国教育部.普通高中音乐课程标准(2017年版)[M].北京:人民教育出版社,2018.

[2]任明娟.基于学科核心素养的高中音乐鉴赏教学的实践探究——以小提琴协奏曲《梁祝》为例[J].北方音乐,2020(8):126-127.

把课堂作为弘扬地方传统音乐文化的主阵地
——以高中音乐与戏剧模块课例川剧《秋江》为例

成都市第七中学　罗茹文

> **摘　要**：基于艺术教育过度西化、地方性音乐趋于边缘化的现状,继承并弘扬地方传统音乐文化已经成为重要的课题。地方音乐属于文化传承的重要内容,应当在校园教学中得到应用与发展。《普通高中音乐课程标准(2017年版)》明确指出音乐学科的核心素养包含了审美感知、艺术表现、文化理解三个方面,并在必修课程中对"音乐与戏剧"模块进行了设置,这在很大程度上可以实现对学生音乐素养的有效培养。川剧课程教学始终坚持"以美育人",促使学生吸取更多精神层面的营养,并对"美"进行追寻、发现和创造,促使学生不断提高自身的审美感知和艺术表现力,更好地培养学生的精神文化素养。鉴于此,笔者基于地方音乐的音乐与文化特征,以"音乐与戏剧"模块中的川剧《秋江》来进行分析,对其进行相应的教学设计,对高中川剧课堂教学进行思考和提出建议,改善地方传统音乐文化进课堂的状况。
>
> **关键词**：音乐教育；地方传统音乐；川剧《秋江》

一、弘扬发展,细估川剧文化艺术价值

(一)符合课程标准要求

《普通高中音乐课程标准(2017年版)》特别强调对我国母语音乐文化的研究,基于音乐教学的基本思想理念,指出需要对我国的优秀地方传统文化进行积极弘扬传承,地方传统音乐文化属于音乐教学的重要素材和内容,学生不仅要欣赏和体验我国的地方传统音乐文化,还要学会唱适量的中国民歌、京剧或地方戏曲中的片段。课程资源的开发和课程标准的使用也明确规定,必须善于将地方传统音乐文化运用到音乐课程教学中,利用地方传统音乐文化来对学生进行潜移默化的培养和影响,促使他们形成对地方传统音乐文化积极继承发扬的思想意识。音乐课程标准是音乐文化发展的重要指南,地方传统音乐文化在标准中占有重要地位,因此要求学校在实际教学中积极开展与地方传统音乐文化进入校园相关的活动[①]。

---

① 黄晓洁.乡土音乐进课堂的教学研究——以教学设计"畲家孩子真幸福"为例[J].艺术评鉴,2019(10):107-108.

(二)利于传承地方音乐

我国地方传统音乐文化诞生于人们的劳动和生活中,因此具有深刻的历史印迹、鲜活的生命气息和深厚的民族感情。地方传统音乐文化是我们传统文化不可或缺的重要组成部分,它需要得到继承和推广。从古到今,大多数地方传统音乐的演唱或乐器演奏,都是通过老师的口传心授来进行的,但是,这种教学方法传授面窄,极大地阻碍了地方传统音乐文化的传承。从教育的角度来看,要使地方传统音乐文化生机勃勃,我们必须促使课程实现系统化、科学化的发展,更好、更充分地满足学校艺术教育需要,并为地方传统音乐文化的传承发展创造良好的条件。对传统文化的传承和发展必须从孩子小时候开始,从学校抓起。因此,地方传统音乐文化进入校园、进入教材,是十分必要的。在四川本土上形成的川剧这一传统音乐文化,有鲜明的风格特征,诸如诙谐幽默、寓庄于谐等,受到群众的广泛喜爱。川剧能反映出四川民众豁达乐观的精神追求,表达出四川民众强烈的热爱生活和向往自由之情。学生通过积极参与川剧训练和表演等,可以增进对川剧优美唱词、多样表达方式等的认知,培养人文和审美素养[①]。

(三)推动艺术教育发展

联系高中音乐课程教学的实际,在课堂中引入具有地方特色的川剧,可以促使抽象音乐教学转变为有具体情境的教学,促使学生感受到川剧文化的魅力。基于此,教师可以讲述川剧发展历史、人物角色设置和表演形式,并通过进一步剖析和鉴赏经典剧目,培养学生的审美鉴赏能力。众所周知,许多地方传统音乐文化作品都是高度专业化的,长期以来都是通过专业团体和言传身教等方式来进行传播发展的,因此,人们学习与实践的途径中存在一定的壁垒。从教育的角度和层面上来讲,要使地方传统音乐文化,特别是地区性的传统戏剧保持永久的生机与活力,就必须让它们进入课堂和学校,融入到学校的教育中,以不断适应和满足学校艺术教育的需要,确保学校艺术教育的可持续性发展。此外,对地方传统音乐文化课程化的研究,也是学校艺术教育的一个重要特征,可以促进学校课程的建设发展,并不断丰富学生的校园生活。

川剧《秋江》是传统的折子戏,其幽默诙谐的剧本唱词和生动有趣的戏剧表演风格,更易于让初次接触川剧的高中生接受和喜爱这一地方传统音乐文化。笔者基于高中学生的特点,在充分考虑戏剧模块课程相关要求的基础上,以高中音乐核心素养为指导,结合四川传统文化特色,对川剧《秋江》的教学内容进行了详细的分析与设计。

---

① 黄乔.原生态音乐进课堂之传承意义[J].黄河之声,2015(8):63-64.

二、"特新"联系,体味川剧《秋江》艺术魅力

(一)川剧《秋江》的介绍

《秋江》在川剧中属于重要的折子戏类别,剧中演员以桨代舟的舞台表演,利用了虚拟手法(无实物表演)。在川剧高腔中经常会使用到帮腔和打击乐伴奏。此剧描写的是书生潘必正赴临安考试,倾心于他的陈妙常追至秋江渡口雇舟追赶。老艄翁一边驾舟追赶一边与陈妙常打趣。

(二)川剧《秋江》蕴含的地方音乐文化要素

1.在语言表达中融入四川方言

地方戏剧基于地方语言,这是维系地方戏曲存在发展的重要基础。四川方言这一载体,就是区别四川本土音乐文化和其他地域音乐文化的重要因素,川剧中的四川方言,可以增进观众对川剧、四川本土文化的了解。戏剧属于综合性的艺术,融合了音乐、文学、舞蹈、美术等多种内容,川剧就是戏剧的重要代表之一。川剧是在四川本地的自然环境下逐渐形成与发展起来的,具备四川本地的语言、音乐特色,展现出四川本地的民情风俗,这种戏曲艺术符合四川民众的艺术审美情趣。四川方言在川剧文化中属于极具特色的文化表现形式,在语言上具备浓郁的地方特色和生活气息[①]。

2.在对话设置中反映本地市井生活

通过比较不同地区、不同剧种的同一题材的剧目,我们可以发现川剧具有很明显的幽默诙谐的风格特征。比如《秋江》这一剧目,与昆曲相比,川剧有着更具戏剧性的剧情,喜剧色彩更突出。《秋江》中有一段艄翁与陈妙常的对话特别精彩。

艄翁:姑姑今年好多岁咯?

姑姑:十九岁。

艄翁:十九岁,嗨呀,公公今年七十九,正好和姑姑打老庚啊!

姑姑:哎呀,打不得!

艄翁:打得。

姑姑:打不得!

艄翁:打不得我们就又走咯!

剧本中的这些对话展现了四川人幽默诙谐的个性特征,可以展现出四川民众的真实生活场景,烘托剧本氛围,吸引学生的注意力,创造出轻松愉快的教学环境。

3.在戏剧演出中应用帮腔渲染气氛

帮腔主要是在戏剧演出的过程中,帮唱后台或者场上,来衬托演员的唱腔,实现对舞台

---

① 苏明德.我演川剧《秋江》[J].四川戏剧,2017(4):152-153.

氛围的有效渲染，来对环境和剧中人物进行更好的刻画。在应用帮腔的基础上，可以衬托演员的演唱，实现对角色心理的外化放大，同时可以调动观众情绪，演绎出观众想要的场景。这种表现方式主要是基于旁观者角色来对剧情进行阐述，或是代入观众身份来对观众心声进行讲述，可以不断缩小观众与舞台演员的距离。

在《秋江》的《青鸾袄》唱段中，陈妙常唱道"你看那鸳鸯鸟儿，成双成对，好一似和美的夫妻，白日里并翅而飞"，在画外音中，帮腔唱出"永不离分"。为展示陈妙常内心的羞涩，此处并没有让陈妙常直接表露出内心的情感，而是借助帮腔唱出来，如果是由陈妙常本人来演唱，并不能表达出对潘郎急切追赶的情感，加入帮腔，可以为这段表演增加更多的情感色彩[①]。

（三）川剧《秋江》在音乐课堂教学中的特色

在了解川剧《秋江》本身的文化底蕴后再结合课程教学，更有利于教师进行课堂设计，在此，笔者基于川剧《秋江》的"川味"特色，设计了以下几种课堂教学方式。

1.在对话念读中体验川剧语言特色

学生在掌握了乘船的表演程式的同时，通过对视频的仔细观察与自我的开发创设，也体验到了撑船、划船的川剧表演程式。在剧情的引领下，教师出示剧中一段充满趣味的对话念白，让学生用原汁原味的四川官话念出来，念白如下。

陈妙常：公公，空中飞来什么鸟？

公公：鸳鸯鸟。

陈妙常：安？

公公：按都按不到。

陈妙常：哎呀。

公公：飞那么高她还说矮了。

通过四川官话的特殊发音，学生体会到四川语言的趣味，这时学生可以进行角色扮演，加入刚才学习到的表演程式，将这段对白用川剧表演的方式呈现出来，学生既充分融入课堂又充分体验到川剧幽默风趣的独特魅力。

2.在场景演绎中感知川剧表演程式

学生在欣赏观看《秋江》视频片段的过程中，不仅要关注艄翁与陈妙常的动作表演，而且更重要的是要体会、感受到艄翁诙谐幽默的性格。在这样轻松诙谐的氛围里，学生们避免了上台展示时的紧张，将场景表现得生动形象。这时老师再循序渐进地加入道具，让学生体会"虚实结合"的戏剧表演特点，将乘船时的身法、步法，规范地演绎出来，从而进一步总结出川

[①] 杨继红.我在川剧《秋江》中饰演陈妙常的心得体会[J].四川戏剧,2020(3):103-104.

剧表演程式为川剧演员规范统一的艺术表演格式。学生们也可以根据乘船的表演程式,为两个不同性格特点的人物做剧情表演,这不仅活跃了课堂,也让学生充分参与到了川剧表演的活动中来①。

3.在唱段演唱中感受川剧高腔魅力

在川剧中最为经典和重要的就数川剧中的唱了。学生可以在聆听欣赏陈妙常《青鸾袄》唱段的过程中,感受川剧高腔的演唱特点。高中生一般会关注到演唱的曲调高亢明亮,教师再提示伴奏特点,进而总结出川剧高腔的演唱特点。当进一步体验这一唱段时,教师需要给学生提出演唱要求,一是吊嗓子,二是念唱词,三才是唱曲调。学生在循序渐进的学习过程中,感受到了川剧的难度。川剧有许多的唱腔技巧,如拖腔、润腔、顿腔等,学生通过分句学唱,分难点学唱,较快地唱会了该唱段。在川剧唱腔学习中,教师充分使用了教授法、教唱法,将难点层层突破,学生不仅体会到川剧高腔的特点,同时也感受到川剧演唱的艺术魅力。

《秋江》
（唱段）
川剧

[简谱略]

最终,我们可以通过学生的自主创编,让学生在唱、念、做中充分体验感受川剧的艺术表现形式,从而更好地传承弘扬川剧这一优秀的地方传统音乐。

---

① 孟蕊.传统文化进音乐课堂的启示——以河北省沧州市运河区小学教学实验为例[D].石家庄:河北师范大学,2016.

三、"唱演"交融,开展川剧《秋江》教学实践

基于上述川剧《秋江》的音乐要素和特点,以及高中学生对传统戏曲接触较少、对川剧较为陌生的学情特点,笔者在设计课例时,围绕川剧的艺术表演形式与表演行当,通过聆听、模仿、表演、探究等方法,对川剧戏剧情景进行积极创设,使学生在课中,可以体验到川剧的表演特点及高腔的唱腔特点,感受其丰富的艺术魅力,增强文化自信,更好地理解川剧文化艺术价值,培养传承与发展川剧艺术的主人翁意识[①]。

根据2017年版高中音乐新课标所提出的高中音乐学科核心素养设计出以下思维导图(图1):

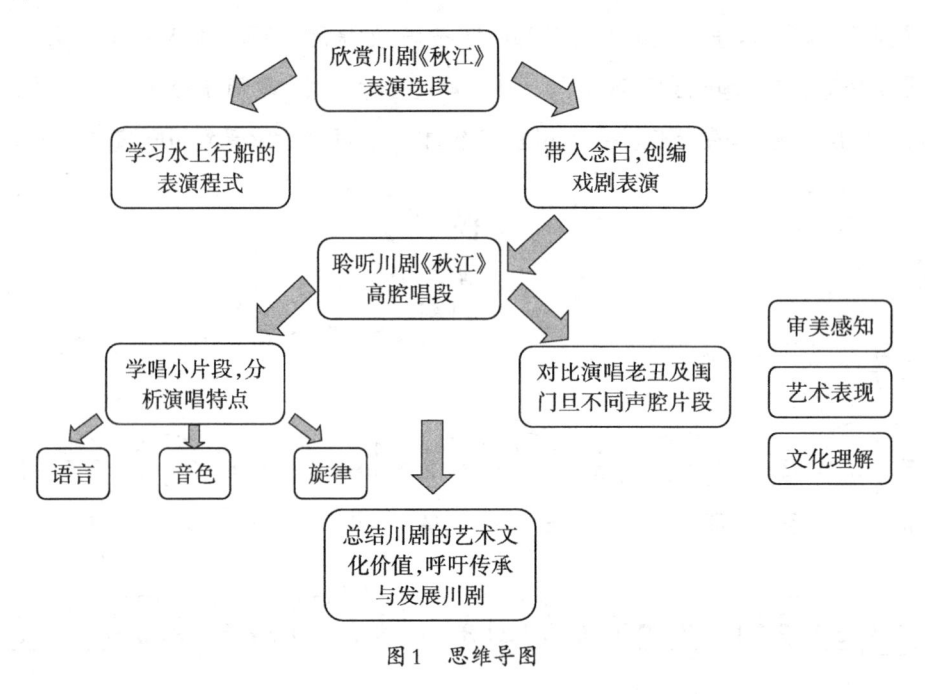

图1 思维导图

由此设计的课堂教学主要包含两方面的内容:

(1)学生体验剧中水上行船的表演程式,结合艄翁与陈妙常诙谐幽默的念白,融入情景进行表演,领悟戏曲表演特点。(教学片段1)

(2)学生重点体验川剧高腔《青鸾袄》唱段,对比旦角与丑角两种声腔特点,体会川剧唱腔及艺术魅力。(教学片段2)

(一)教学片段1

1.在观看视频选段过程中认识川剧行当

当前很多学生缺乏对川剧行当的了解,为了引导学生逐步建立对川剧中"行当"的认知,

---
① 刘翼,汤敏,冷静.传统戏曲在大学生群体中的普及传播研究——以川剧折子戏进课堂为例[J].四川戏剧,2017(11):161-165.

教师在教学过程中可以设计观看视频选段的教学片段。在学生观看视频的过程中,教师提出相应的问题,促使学生增强对川剧表演内容的观看注意力,初步感受川剧的艺术风格特征。让学生在回答问题的过程中,认识川剧中的行当角色,了解川剧虚拟化的表演特点。(见表1)

表1 观看视频选段

教师参与活动	学生学习活动
1.教师播放视频提问:视频中出现了几个人物? 在什么地点? 他们在做什么? 小结:(1)川剧"以虚带实,虚实结合"的表演特点;(2)剧中表演行当:老丑、闺门旦。 2.教师配乐介绍《秋江》剧情及相关知识。	1.学生认真观看,思考并回答问题。 2.学生认真聆听,了解剧情发展。

2.在欣赏表演片段过程中感受川剧表演程式

在音乐课堂中,教师的教学很难引起学生对表演的兴趣和热情,那么教师如何才能激发学生参与音乐课堂的积极性呢? 教师可以通过设计欣赏表演片段,紧扣剧中情景,让学生在观看后进行总结,通过动作模仿、情景戏剧表演等多种体验方式,感受川剧诙谐幽默的表演风格,进一步认识川剧表演程式,最后参与到情景表演中。(见表2)

表2 欣赏表演片段

教师参与活动	学生学习活动
1.教师播放表演视频片段,设问:观察剧中两个人物的表演,这表现了他们什么样的性格特点? 2.教师追问:他们是怎样行船的呢? 请学生上台展示。 3.教师再次播放视频片段,引导学生关注剧中动作,理解并再次体验川剧水上行船的表演程式。 4.教师指导学生进行两个人物的水上行船表演。(加入道具:桨、文帚) 5.教师进一步总结:川剧演员规范统一的艺术表演格式称为表演程式。 表演者的手、眼、身、法、步都按照规范化统一的表演去塑造故事中的角色,我们称这样的表演艺术格式为表演程式。 6.教师出示剧中念白,带入情景进行戏剧表演。	1.学生观看后总结:艄翁诙谐幽默,小尼姑害羞稚嫩。 2.个别学生模仿剧中表演动作。 3.学生通过观看视频,深入理解并感受剧中表演程式。 4.学生模仿教师做水上行船表演程式。 水上行船表演程式: 　　步法:双脚一前一后。 　　身法:前后摇晃。 　　区别:道具不同,角色行当的体态不同。 5.学生理解表演程式。 情景体验: 　　妙常:公公,空中飞来什么鸟? 　　艄翁:鸳鸯鸟。 　　妙常:安? 　　艄翁:按都按不到。 　　妙常:哎呀。 　　艄翁:飞那么高她还说矮了。 6.学生小组讨论创编,进行情景表演。

(二)教学片段2

1.在聆听唱段过程中了解川剧高腔演唱特点

在学生听唱段的过程中,他们会因为缺乏有效的指导,不认识各种演奏的乐器,也难以对唱段进行模仿,在了解高腔技巧上也面临着很大难题。教师如何让学生了解高腔演唱的特点呢?教师可以设计聆听《青鸾袄》唱段的环节,在提出问题后,引导学生对典型唱段进行学唱,在扮演不同角色后,进入情景中演唱片段。(见表3)

表3　聆听唱段

教师参与活动	学生学习活动
1.教师播放《青鸾袄》唱段,设问:小尼姑陈妙常的唱腔有什么特点呢? 总结:川剧高腔的演唱特点。 2.教师教唱几句典型唱段。 (1)吊嗓子:发声练习。 (2)念唱词:成都官话。 (3)唱曲调:高亢明亮。 （女）你　看那　鸳鸯　鸟儿　成双　成对, (4)教师教授演唱方法。 (5)教师引导学生分角色,带入情景进行高腔片段的表演唱。	1.学生认识伴奏乐器金鼓,感受高亢明亮的旋律曲调。 川剧高腔: 　伴奏:金鼓击节。 　曲调:高亢明亮。 2.学生分句学唱,感受高腔特点。 (1)学生学习高位置假声:yi ya yi。 (2)学生用成都话朗读歌词。 (3)学生分句学习川剧唱腔技巧:拖腔、润腔、顿腔等。 并翅飞 (4)学生分句模唱。 (5)学生带入情景表演唱陈妙常小片段。

2.在对比唱段过程中体验川剧高腔演唱特色

学生在了解了高腔唱段特点后,在缺乏对比的情况下,他们并不能明白不同唱段间存在的差异。教师如何增强学生对不同唱腔唱段音乐特色的清晰认知呢?教师可以设计对比唱段的环节,播放艄翁唱段,并指导学生进行表演,让学生在实际参与演唱的过程中,更好地感受唱腔特色。(见表4)

表4　对比唱段

教师参与活动	学生学习活动
1.教师播放艄翁唱段,设问:艄翁的声腔有什么不同呢? 2.教师指导学生表演艄翁唱段。	1.学生感受老丑低沉浑厚的说唱式唱腔特点,男女生对唱两段。 对比演唱: 　艄翁:雨打船篷风又来也。 　妙常:你看那鸳鸯鸟儿,成双成对……并翅而飞。 2.请一位学生领唱,其他同学一起表演跟唱。

四、教思结合,推动传统音乐文化薪火相传

(一)思考:明确音乐学科价值,完善教学环节

普通高中音乐课程标准指出,"音乐与戏剧"模块是必修的重要内容,具有基础课程的性质,并面向全体学生,"戏剧表演"模块是对上述模块的延伸,面向少数表演和实践的学生。教师在实际开展川剧进课堂活动的过程中,需要明确教学环节,在此基础上来实施教学活动①。

首先,教师在上课前要做好足够的信息资料准备,分析这些材料是否符合高中音乐课程标准的要求,还需要接受川剧专业表演艺人的训练,以补充对川剧相关知识的了解,以及分析授课对象是否了解川剧的基本情况及了解的程度水平,再制定课堂教学的计划,设计音乐授课教学的教案,为具体教学活动奠定基础。课堂前的准备工作情况,可以直接影响教学的效果。

其次,在音乐教学中明确目标。教师的目标是预期的教学结果,也是所有后续活动的重要导向。教师确定的教育目标必须符合现实情况,不应与现实脱节。在实际的音乐课程教学授课过程中,教师必须逐渐深入地按照教学内容,从浅层次向深层次学习的内容递进。

最后,在音乐教学课程结束后,必须进行相应的教学评估工作,该评估分为教师和学生两个维度,这意味着学生必须向教师进行反馈,教师也必须评价学生。从学生到老师的反馈是学习效果最为直接的体现,教师必须给予及时的回答与关注,同时总结、反思和改进下一节课程,还必须及时评估学生的状况,正确地引导学生。合理的教学评估可以客观地反映教学的实际效果,教师在评估教学状况时,还能及时发现并纠正一些缺点和不足之处,使后续的音乐教学实践越来越好②。

(二)反思:反思课堂教学不足,改善教学内容

1.教学内容缺乏连续性

高中学校受到教学资源有限的影响,并没有专门设置"音乐与戏剧"模块课程,通常是将其集中在音乐鉴赏课程中,这就难以确保学生均可以学习这一模块的内容,课程的连续性得不到保障。同时,几个川剧折子戏难以充分展现川剧音乐艺术特征,也不能充分展现出这一模块的教学要求。

2.教学主体存在差异性

"音乐与戏剧"这一模块是面向全体学生设置的,学生可以对其进行选择学习,但需要明

---

① 刘姿利.四川戏曲进校园的理论与实践研究——以川剧为例[D].成都:四川师范大学,2020.
② 崔迁.川剧进入四川地区小学音乐课堂的策略研究——以四川省巴中市巴州四小为例[D].成都:四川师范大学,2018.

确的是,很多学生可能并不喜爱或擅长表演,在表演能力培养上需要时间、训练,不同学生存在着很大差异。游戏、即兴表演等训练方式,可能难以满足全体学生的需要,学生个体差异会对整体授课的进程产生不利影响。

五、结语

四川地区地广物博,其丰富多彩的传统民间音乐是四川重要的非物质文化遗产,川剧更是孕育于四川民间音乐文化中的独特艺术瑰宝。在本土化语境中,教师用传承地方文化的方式开展音乐教学,可以促使学生更好地享受和体验川剧,并持续提升自身的音乐审美能力,丰富对本土音乐艺术的认知与体验,强化学生对地方文化的认同感与归属感,同时增进学生对川剧中人文内涵的深刻把握,更好地发挥出"音乐与戏剧"这一模块的作用。

参考文献

[1]黄晓洁. 乡土音乐进课堂的教学研究——以教学设计"畲家孩子真幸福"为例[J]. 艺术评鉴,2019(10):107-108.

[2]黄乔. 原生态音乐进课堂之传承意义[J]. 黄河之声,2015(8):63-64.

[3]苏明德. 我演川剧《秋江》[J]. 四川戏剧,2017(4):152-153.

[4]杨继红. 我在川剧《秋江》中饰演陈妙常的心得体会[J]. 四川戏剧,2020(3):103-104.

[5]孟蕊. 传统文化进音乐课堂的启示——以河北省沧州市运河区小学教学实验为例[D].石家庄:河北师范大学,2016.

[6]刘翼,汤敏,冷静. 传统戏曲在大学生群体中的普及传播研究——以川剧折子戏进课堂为例[J]. 四川戏剧,2017(11):161-165.

[7]刘姿利. 四川戏曲进校园的理论与实践研究——以川剧为例[D].成都:四川师范大学,2020.

[8]崔迁. 川剧进入四川地区小学音乐课堂的策略研究——以四川省巴中市巴州四小为例 [D].成都:四川师范大学,2018.

基于学科核心素养探讨普通高中音乐与舞蹈模块教学

乐山外国语学校　张艺倩

摘　要：《普通高中音乐课程标准(2017年版)》首次提出了音乐学科核心素养这一概念，音乐核心素养主要包括审美感知、艺术表现以及文化理解三个维度。培养高中音乐学科核心素养给我们高中音乐教学与学生的发展指明了前进的方向，是我们高中阶段音乐教学目前应追求的目标与理想，标志着我国的高中音乐教育迈向了更高的阶段。高中音乐与舞蹈模块作为高中音乐课程的必修模块，是培养学生音乐学科核心素养的重要途径之一。音乐与舞蹈模块的设置对促进学生拓展艺术视野，提高学生的综合艺术表现能力有着不可替代的作用。本文以"音乐学科核心素养"为理论指导，以高中音乐与舞蹈模块为探讨对象进行实践探索，旨在厘清音乐与舞蹈模块的课程价值及教学实践中应遵循的原则。

关键词：核心素养；音乐与舞蹈模块；课程价值；实践原则

一、引言

《普通高中音乐课程标准(2017年版)》的颁布与实施，意味着我国的音乐教育发展走进了音乐学科核心素养的新时代，同时，高中音乐教育迎来了全新的教育理念，给音乐教学指明了前进方向。音乐学科是我国教育体系中重要的科目之一，也是学校实施美育教育的重要途径之一，在人的全面发展教育中美育占据着极其重要的地位。加强音乐学科核心素养的研究对整个课程教学的改革以及学生的发展具有重要的促进作用。

高中音乐与舞蹈教学模块是与提升核心素养相辅相成的教学模块，音乐与舞蹈的直观性对学生艺术修养的培养、审美能力及综合艺术素养的提升具有很大教育意义。本文的宗旨是以音乐与舞蹈模块的教学设计为重点，通过分析课改高中音乐课的教学模式、核心素养概念，提出模块教学实施的建议。

二、音乐学科核心素养概述

学科核心素养也被称为跨学科核心素养,是学科育人价值的重要体现。音乐学科核心素养是根据音乐学科这一媒介背景制定的,教师引导学生通过对音乐这门学科的学习来培养音乐学科核心素养,从而达到育人的目的,对音乐学科核心素养的培养是我们当前音乐教学应当追求的目标与理想。在新课标中音乐学科核心素养主要包括三个方面:审美感知、艺术表现、文化理解。三大素养之间是相互渗透、相辅相成的,构成了一个完整的音乐学科核心素养体系。

三、音乐与舞蹈模块概述

(一)高中音乐与舞蹈模块教学

教学是以课程内容为中介的师生双方教和学的共同活动,包括教师的教和学生的学两个方面。高中音乐与舞蹈模块教学是以学校音乐学科教学为依托,教师有计划、有组织、有目的地培养教育人的活动。音乐与舞蹈模块教学的本质就是在遵循审美教育的特点和规律的前提下,注重情感体验的特点,培养学生终身发展所需要的音乐方面的基本能力和素质。同时,音乐与舞蹈是一对关系密切的艺术门类,音乐与舞蹈模块是必修模块之一,是素质教育顺利开展的有力保障。

(二)音乐与舞蹈模块的特点

1.充分展现审美体验

从模块教学内容上来看,高中音乐与舞蹈模块教学以直观生动的形式展现了审美效果和审美体验,该模块包含根据不同单元教学内容和目标创设的种类繁多的艺术作品,且配合着舞蹈照片,形象、生动并具有很强的视觉冲击力。

2.选材更加偏向于实用性

从音乐与舞蹈模块教学内容来看,选材更加偏向于实用性,根据高中生对音乐课程的学习特点及学习兴趣挑选适合高中生音乐与舞蹈学习特点的、学生更加感兴趣且难度不高的音乐与舞蹈教学内容。

3.强调学生的主体地位

音乐与舞蹈模块教学更加尊重学生学习的主体地位,以学生的学习特点和创作能力为基础,制定适合学生身体素质及审美能力的教学内容,以强调学生审美能力和创作能力的培养、发挥。

四、高中音乐与舞蹈模块的教学中应遵循的原则

(一)音乐性原则

从文献记载的艺术历史上来看,最早的音乐形式是歌唱、诗歌、舞蹈的融合,可以说音乐和舞蹈是同源的。音乐与舞蹈在一定程度上是分不开的,音乐在舞蹈中起着不可替代的作用。在高中音乐与舞蹈模块教学中,教师要充分遵循音乐性的原则,以拓宽学生的艺术视野,使他们能够理解音乐与舞蹈的关系和掌握舞蹈的基本技能,将音乐与舞蹈相互融合。教师要注重强调学生的学习目标,使学生能通过提高音乐学习能力来促进舞蹈学习能力。教师通过训练学生舞蹈动作来引导学生了解音乐和舞蹈的关系,让学生感受和用肢体表达音乐,用这种简单的方式将学生自然而然地、熟练地引入音乐殿堂,激发学生学习音乐舞蹈的兴趣,进而使学生积极感受音乐在舞蹈中的重要性,逐步实现音乐的情感表达、理解,发展音乐想象力,不断提高音乐审美能力。因此,我们应该鼓励学生欣赏音乐舞蹈作品,用心传达其内涵,培养他们的艺术鉴赏能力,让学生通过感受和理解音乐,在音乐和舞蹈之间建立更广泛的关系,这不仅有利于他们学习音乐,而且有利于提高他们学习舞蹈的兴趣。

(二)实践性原则

从舞蹈教学的教学内容和教学效果来看,舞蹈主要是通过学生的自主体验来获得技能和知识的艺术,其实践性很强,舞蹈学习、舞蹈表演、舞蹈创作以及舞蹈编排都需要学生亲自参与实践。因此,从音乐与舞蹈教学模块上来看,教师要遵循舞蹈教学的实践性原则,着重培养学生的实践意识和自我表达能力。高中学生的思维能力和创新能力较为突出,不同的学生对舞蹈学习有不同的感知和体验。实践性原则的落实,可以让学生在实践中对舞蹈与音乐学习内容有不同的认知,同时表达出自己的想法,在表达与沟通的过程中提升舞蹈学习的能力及专业技能水平,实践对于学生肢体协调能力及艺术创新能力的提升都有很大的帮助。除了实践之外,欣赏也非常重要。学生通过欣赏,能获得视觉影像,激发学习舞蹈的兴趣,充分准备练习,最终激发对舞蹈艺术的热爱。

(三)多渠道教学原则

教师要想在高中音乐与舞蹈模块教学中取得良好的教学效果,仅仅通过课堂教学是远远不够的,由上文所述舞蹈学习的实践性原则可知,学生需要花费大量时间进行舞蹈的训练才能达到提升技能水平的目的。因此,在音乐与舞蹈模块教学中,教师要创设多渠道教学模式让学生能够有充足的时间进行学习,例如可以采用课堂教学与课外教学相结合的方式,教师在课堂之外可以和学生一起创编舞蹈内容,调整与修改舞蹈动作。同时,在教学方面,教师还可以结合音乐与舞蹈模块课程设计中的教学理念开展教学工作,但必须遵循循序渐进、内外结合的教学原则,这样不仅可以让学生在课堂教学中掌握舞蹈、音乐的基本知识和技能,还可以通过其他渠道的教学内容让学生获取更多的知识。例如可以采用将教学内容与文艺演出、艺术活动相结合的方式让学生能够有更多的学习体验。此外,教师应了解学校的实际情况,广泛地整合相关资源,如学校内外的社会组织和艺术协会,让学生根据自己的能力进行学习,逐步整合,并将课堂上学到的知识应用到实践中。

五、结论

随着教育事业的不断进步与发展,我国整体教育水平的不断提升,国家提出了学生发展核心素养体系。音乐学科核心素养是音乐教学应当追求的目标。高中音乐与舞蹈模块教学不仅强调了音乐教学的重要性,还着重以学生学习为主导,把音乐与舞蹈进行有机结合。该模块教学成为了学生拓展艺术视野、提高综合艺术能力的有效途径,同时也促进了高中学生音乐文化素养的终身发展。推动音乐与舞蹈模块教育模式在高中广泛实施,使高中音乐教育真正以人为本,切实符合社会发展需要,有利于达成高中学生音乐文化素养的发展目标。

参考文献

[1]孙璐.基于学科核心素养的高中音乐鉴赏教学策略[J].福建教育,2020(2):59-60.

[2]央金卓玛.基于学生核心素养的高中音乐教学策略探讨[J].智力,2020(22):13-14.

[3]程强周.基于核心素养的高中音乐学科课堂教学实践与研究[J].高考,2020(2):184.

[4]龙文婷.音乐与舞蹈,跨越与交融——浅谈高中音乐与舞蹈模块教学的心得体会[J].艺术评鉴,2020(8):127-128.

[5]边桦.试论普通高中音乐与舞蹈模块课程的实效性[J].名师在线,2019(24):80-81.

[6]蔺文婧.试论普通高中音乐与舞蹈模块课程的实效性[J].考试周刊,2019(93):162,166.

[7]梁晓辉.普通高中音乐课程"舞蹈模块"教学存在的问题及对策[J].北方音乐,2020(6):213,216.

[8]张琬莹.普高舞蹈教育现状及新课标指导下的舞蹈模块教学思考[J].休闲,2019(6):237.

浅谈新课改背景下普通高中音乐教学保障策略

宜宾市叙州区教学研究与教师培训中心　吴仕均

摘　要：《普通高中音乐课程标准（2017年版）》指出，普通高中音乐课程设六个必修模块与六个选择性必修模块，以校本选修课程为补充与拓展。新课程不仅充分体现普通高中音乐课程的选择性与关联性，更表现出了课程实施的开放性与自主性。全新的课程体系以及"走班选课"的教学模式是对教师的一次全新挑战，也对学校教学保障提出了更高要求。学校教学保障不仅影响到普通高中音乐课程改革与实施，更影响到新时代学校美育工作的全面加强与改进。在新课改和新美育背景下，学校要不断加强与改进音乐师资建设和课程管理，积极落实美育硬件设备设施的配、管、用，探索有效的教学保障策略来支持学校音乐教育教学的有效与高质发展。

关键词：新课改；高中音乐；教学保障

党的十九大提出：要全面贯彻党的教育方针，落实立德树人根本任务，发展素质教育，推进教育公平，培养德智体美全面发展的社会主义建设者和接班人。从2003年教育部印发普通高中课程方案和课程标准实验稿，到2013年教育部启动普通高中课程修订工作，随着普通高中课程改革的逐步深入，高中音乐新课程标准凝练学科核心素养——审美感知、艺术表现和文化理解，课程目标聚焦发展学生这三个方面的能力，从关注知识技能转变到关注育人质量的全面提升。

基于学科核心素养的普通高中音乐新课程分为必修课程、选择性必修课程和选修课程。其中必修课程包括音乐鉴赏、歌唱、演奏、音乐编创、音乐与舞蹈、音乐与戏剧六个模块。这六个模块是培育学生音乐学科核心素养的主体课程，课程性质体现基础性，课程面向全体学生，旨在普及艺术教育。同时新课程以合唱、合奏、舞蹈表演、戏剧表演、音乐基础、视唱练耳为选择性必修课程，对主体课程形成延伸与补充。为了更好地突出学校办学特色与地方文化的有机融合，推动校本课程和生本课程的资源开发，此次课改还设了音乐选修课程，为学校艺术教育特色发展提供了空间。

四川省中学音乐名教师（陈双）鼎兴工作室对省域的相关普通高中音乐教学现状进行调

查分析后发现：被调查的普通高中学校中在音乐教学保障上的师资与硬件保障方面只有62.35%的学校硬件设施达标，尚有10.95%的学校硬件条件不达标，77.78%的学校不具备走班选课的条件。阻碍模块课程开设的因素也主要体现在硬件与师资保障上，其在普通高中学校音乐教学管理上表现为开课率不高、课程管理滞后、评价机制空缺等普遍问题。如：音乐课程的开课率只有高一的达到60.05%，高一、高二都开课的为31.33%，41.67%的学校没有完善的学分考核制度，多数学校没有形成对师资的有效管理与激励措施。

  普通高中要推行音乐新课程，真正落实学校美育工作，学校音乐教学保障是基础与前提。教学保障是为完成教学任务所提供的各项保障措施，是组织实施教学的物质基础，是保证教学工作顺利进行的前提。受办学目标和社会环境的影响，音乐课在整个高中课程体系中长期被边缘化，各学校在师资建设、课程管理、硬件配备上存在较大的差距，特别是受地域与教育投入的影响，一些农村普通高中的音乐教学保障问题尤为突出。普通高中学校音乐教学保障的滞后严重制约了音乐课程的落实，也影响着美育质量。2020年，中共中央办公厅、国务院办公厅印发的《关于全面加强和改进新时代学校美育工作的意见》指出：要不断完善课程和教材体系，全面深化教学改革，着力改善办学条件，切实加强组织保障。到2022年，学校美育取得突破性进展，美育课程全面开齐开足，教育教学改革成效显著，资源配置不断优化，评价体系逐步健全，管理机制更加完善，育人成效显著增强，学生审美和人文素养明显提升。

  所以，要真正落实高中音乐新课改，加强与改进新时代学校的美育工作，首要任务是解决音乐教学保障问题，特别是经济欠发达地区和农村普通高中更要转变观念，要想方设法、因地制宜地保障学校音乐教学的基本条件，不断加强与改进音乐师资建设和课程管理，积极落实美育硬件设备设施的配、管、用，探索有效的教学保障策略来支持学校音乐教育教学的有效与高质发展。本文将从三个方面谈谈新课程改革与新时代美育背景下的普通高中学校音乐教学保障策略。

一、转变育人观念，加强学校美育制度保障，完善学校音乐课程管理

  育人观念决定着办学目标，办学目标决定着办学行为。对于政府职能部门，教育投入是其办学目标的直接体现；对于学校管理主体，课程管理是其办学理念的具体表现。所以学校音乐教学能否真正落实，关键在于学校办学观念能否转变并具体体现在学校音乐课程管理上。普通高中音乐课程作为高中教育的美育课程，其管理必须与学校的其他课程管理同步，学校要完善学校美育课程管理制度，积极践行新课程理念，落实国家课程（即必修课与选择性必修课），积极推动课程资源（即地方课程、校本课程、生本课程）开发。

二、落实经费投入，改善学校音乐教学硬件

足够的硬件设施设备是保障学校音乐教育教学活动顺利开展的基础条件。地方政府、主管部门和学校应当按教育部关于标准化高中建设的相关要求，保障学校有足够的美育功能室。学校对于音乐教学硬件的配备要符合学科教学的实际需求，对于音乐教学硬件的管理和使用要落实责任主体，防止教学资源的闲置与浪费。新课改涉及的多模块课程和走班教学模式对学校硬件条件提出了新的要求，这就需要学校不断优化场地，及时配备器材，以满足教学需求。

同时，学校还可以建立与地方文化场馆和高校美育场馆的共建共享机制，充分利用校外资源，填补学校硬件场馆建设的短板。

三、创新资源整合，促使学校音乐教学软件升级

有了天时和地利，还必须有人和。学校教学保障的软件条件是影响学校音乐教学质量的关键，包括师资配置、教师培训、课程资源以及美育氛围等内容。其中，师资配置一直是学校音乐教育面临的突出问题。目前普通高中学校表现出来的现象有：专职教师人数不足，师生比不符合要求，教师流动性大造成师资质量不高和教师队伍不稳定，教师的专业能力不能完全满足模块教学的需求，等等。基于此，结合实际，本文就教学软件保障策略提出以下看法：

(1)政策支持。各级主管部门要加大音乐师资的引进力度，特别是要遵循音乐学科特性有针对性地引进、配置和储备专业师资。

(2)区域联动。我们要通过建立良好的教师走校机制来实现区域内师资的统筹与共享，为"走班选课"提供师资保障。

(3)学区帮扶。我们要通过大学区建设，引领薄弱学校的音乐教师特别是青年教师快速成长，在提升他们业务能力的同时，拓展他们的专业空间，以满足模块课程教学的需要。

(4)资源整合。我们要积极利用高校与社会师资引领学校的课程开发，打破学校音乐教学的课程局限。

(5)营造氛围。我们要加强宣传，凝聚共识，充分调动教师和学生的积极性，营造人人育美、处处育美、时时育人的良好美育氛围。

参考文献

[1]中共中央办公厅,国务院办公厅. 中共中央办公厅 国务院办公厅印发《关于全面加强和改进新时代学校体育工作的意见》和《关于全面加强和改进新时代学校美育工作的意见》[EB/OL].(2020-10-15)[2020-11-28]. http://www.moe.gov.cn/jyb_xxgk/moe_1777/moe_1778/202010/t20201015_494794.html.

高中歌唱模块教学策略探究
——听、说、唱

绵阳市第二中学　张蜀仙

> **摘　要**：高中音乐必修课程中的模块二是歌唱模块，在这门基础性课程中，学生通过对歌曲的艺术表现、实践活动来达成学习音乐相关知识，了解相关文化，掌握歌曲演唱基本技能，激发歌唱兴趣，体验歌曲情感和艺术表现力等目标，以此来提升音乐素养。那么，我们可以通过哪些艺术表现实践的手段来实现这门课程的目标呢？笔者本着课标所提倡的"重实践、重体验、重参与"的设计理念探索出"听、说、唱"教学策略，让学生在这三部曲中调动起自我感官对歌唱的体验、理解的能力，锻炼其自主学习、自我想象、自我创造、自我认知的能力，使歌唱课堂在师生积极的交互活动中成为多样化且充满乐趣的新天地。
>
> **关键词**：歌唱模块教学策略；听；说；唱

2017年版普通高中音乐课程标准将课程内容设置为必修课程、选择性必修课程以及选修课程三类。其中必修课程中的模块二即是歌唱模块。"歌唱"是以人声为媒介表现音乐、抒发情感的艺术形式，是培育学生艺术表现素养的重要途径。普通高中的"歌唱"和义务教育阶段的"演唱"，都属于音乐课程中的基础性课程，是面向全体学生的必修课。两者都是通过对歌曲的艺术表现、实践活动，让学生学习音乐相关知识，了解相关文化，掌握一定的歌曲演唱基本技能，激发歌唱兴趣，体验歌曲的情感和艺术表现力。

对比高中"歌唱"教学和义务教育阶段的"演唱"教学，笔者发现高中教学更易于偏向专业化和技术化。这与高中生音乐知识匮乏，歌唱技能水平不高，欣赏经验、实践经验不足等实际情况是不相符合的。笔者遵循"通过鉴赏和演唱优秀声乐作品，激发歌唱兴趣，学习歌唱方法，积累歌唱经验，增强合作意识，体验声乐的艺术感染力和情感表现力"的课标要求以及"通过对音乐艺术魅力的体验和感悟，陶冶情操，涵养美感，和谐身心，健全人格，活跃形象思维，启迪智慧，激发创意表达，理解文化内涵，拓宽国际视野，着力培育和发展审美感知、艺术表现和文化理解三方面的音乐学科核心素养"的课程目标，尝试探索歌唱模块教学策略——听、说、唱三部曲。

一、听

艾伦·科普兰在他的《怎样欣赏音乐》一书中说:"如果你要更好地理解音乐,再也没有比倾听音乐更重要的了。什么也代替不了倾听音乐。"音乐是听觉艺术,音乐艺术的一切实践都必须依赖听觉来实现。歌唱模块教学中学生歌唱表现能力的培养和提高,离不开对优秀声乐作品的赏析。学生通过欣赏、品鉴优秀声乐作品的方式,可以丰富音乐审美经验,这有助于其在歌唱实践中更准确地把握音乐作品的思想内涵,更准确地表现歌曲内容。

1. 听情绪与情感,感知歌曲的思想意境

音乐是情感的艺术,任何音乐中的声音都是在诉说一种情绪,传达一种情感。音乐学家柯克说:"绘画通过视觉形象来传达感情;文学通过能被理性了解的陈述;而音乐则直接地通过赤裸的情感。"任何一首音乐作品皆可通过自身声音的组合来表达一定的情绪,或快乐、或悲伤、或悠闲、或紧张;传递人们内心深层次的思想情感,或爱戴、或仇恨、或乐观、或厌恶。每个学生的音乐学习经验、生活经历均不同,即使歌曲所表达的情绪显而易见,每个学生听后也会产生不同层面、不同程度的心灵体验和情感共鸣。音乐教师应当抓住这些情绪信息,诱发学生的内心共鸣,引导其情感随着音乐的波动而起伏,而不能将教师个人的情感体验强加进解说中。教师当做的是尽力营造最好的聆听氛围,以最恰当的形式引导学生参与情绪情感体验。

2. 听音乐要素的变化,体验音乐美感和表现意图

音乐要素是构成音乐的基本元素,包括音色、节奏、节拍、旋律、速度、力度、调式、和声、织体、曲式结构等要素。这些音乐要素是音乐内涵表达的基本语言,它们影响着音乐情绪情感的变化。比如旋律的起伏、节奏的疏密、力度的强弱、速度的快慢、音色的明暗、和声的张弛、调性的转换、织体的丰简等变化,都影响着音乐情绪的表达。

例如歌唱模块第三单元"放歌祖国"的实践内容《我和我的祖国》,仅从力度的强弱、速度的快慢和伴奏织体的丰简角度来看即可得到三种不同的表现:中速、中弱、高音区全分解和弦伴奏表达的是甜蜜的爱国情和自豪感;稍快、中强、中音区半分解和弦伴奏表达的是热情活泼又充满自豪感;稍快、强、柱式和弦伴奏表达的是坚定豪迈的爱国情感。

教师应引导学生在聆听感知音乐要素变化的同时,联系音乐要素变化带来的情绪情感变化,理解音乐要素的表现作用。

二、说

音乐是听觉的艺术,音乐教学也应当遵循音乐的这个特点以"听"为主要手段,但音乐作品往往蕴含着丰富的文化内涵,包括音乐与社会、生活的联系,音乐与时代、民族、题材、体

裁、形式和风格特征的联系，音乐中的文化与文化中的音乐的内在联系，等等。人们仍需要依赖语言交流来学习这些内容，而以此为主的教学法即语言性音乐教学法，是以语言传递为主要教学手段，通过教师和学生口头语言活动以及学生独立阅读书面语言进行教学的音乐教学法，包括讲授法、谈话法、讨论法、读书指导法。如歌词大意、民族情感、语言特色、风土人情等内容皆可通过语言交流，最终使教学达到理解歌曲、更好地演唱歌曲、提升学生音乐表现核心素养的目的。

1. 说题材，认知音乐表现的对象

题材是作品中具体描写、体现主题思想的一定社会历史的生活事件或生活现象，它源于生活，是作者选择、集中、提炼、加工生活素材后形成的。比如歌唱模块第七单元中的歌曲《教我如何不想他》反映近现代青年挣脱封建束缚追求个性解放的思想情感，第一单元中的歌曲《义勇军进行曲》是以抗日战争为题材的，第五单元中的歌曲《阳关三叠》表现的是友人间的离别与思念。

2. 说文化，领悟歌曲背后的内涵

这里的"文化"包含两层意思，一是指"文化中的音乐"，二是指"音乐中的文化"，这是"文化理解"课程目标中的重要内容。课标建议歌唱教学通常按照"审美感知—艺术表现—文化理解"的步骤来进行。但在笔者的歌唱教学实践中，文化理解需要渗透到每个环节，以帮助学生更好地理解歌曲、表现歌曲。

"文化中的音乐"指的是音乐产生于一定的文化背景中，无论是音乐观念、形态或表现技法，都与一定的文化相关，是民族文化的一个重要组成部分。在音乐教学中，只有从民族文化的角度来分析它的特点和规律，才能真正理解它在文化中的位置和地位。而"音乐中的文化"，指的是音乐中体现的文化的内涵和实质。一定的音乐观念、形态和技能技法，都是一定的相关文化内涵的反映。比如民歌词曲风格各异，情感朴实，就是因为民歌产生于各民族各地区的广大人民的劳动生活和情感中，反过来我们也可以通过民歌词曲读出相应的地方风俗、历史人文以及民族情感。

中小学音乐教育专家吴斌老师在一次教师培训中说："相关文化的渗透一定要能激发学生的学习兴趣，帮助学生学习音乐。"在歌唱模块教学过程中教师还可综合多种教学方法，配合文字、图片、视频、道具等，从不同角度向学生传递歌曲背后的民族文化，让学生积累感性经验，激发学习兴趣。

三、唱

音乐的历史，应当是从声乐的历史开始的，可见歌唱是人类最本能的音乐表现手段。歌唱模块也是学生艺术表现核心素养形成的重要途径。课标歌唱模块的教学要求"自信而有表现力地歌唱",应体现歌唱技能和文化理解的双目标。吴斌老师在"全国中小学课堂唱歌教学展示与研讨会"上提出唱歌教学的三个层次"唱会歌""唱好歌""会唱歌",也同样适用于高中歌唱模块教学。

1.唱会歌

"唱会歌"是歌唱教学的根本,在"唱会歌"的教学过程中,教师让学生整体聆听歌曲,建立聆听第一印象;指导学生随伴奏旋律轻声地演唱,唱准音高、节奏,正确吐字咬字;让典型代表在课堂上展示演唱,为学生提供展示交流的机会和空间;学生可以结合乐谱学会简易的歌曲,可以通过多聆听、跟琴模唱、老师教唱等方式学会较长较难的歌曲。

2.唱好歌

"唱好歌"是对歌唱教学目标的进一步巩固,是在"唱会歌"的基础上完成的。歌唱是歌者发自内心地、自觉自信地表达自己的情感,而这需要教师在教学中帮助学生们学会怎么去表达。这个阶段主要体现教师的指导,指导学生用"好的声音自然地演唱",达到"声音流畅""字正腔圆"的水平。教师在教学生"唱会歌"的过程中,让学生通过朗诵歌词,体味歌曲所表达的内涵,训练学生吐字咬字的技能;让学生通过分析歌曲的力度、情感、速度、风格等,有感情地表达歌曲内涵;指导学生科学发声,注意演唱姿势和发声方法等,从而使学生更好地演唱歌曲。在"唱好歌"的教学过程中,教师要培养学生的音乐欣赏能力,使学生学会去辨别各种演唱方式的优缺点,并以自然的方式去演唱。

3.会唱歌

"会唱歌"要求学生不仅要熟悉、掌握歌曲唱的知识技巧,还要了解歌曲的创作背景、作曲家的创作风格以及如何正确表达歌曲情感内容,是音乐感知、表现、欣赏能力的综合运用。学生在演唱歌曲时的自信心、胆量、临场经验等也直接影响歌曲的演唱效果。作为音乐老师,课内外应当注意让学生多锻炼、多展示,培养学生大胆演唱的习惯,建立歌唱的自信心。

"会唱歌"是歌唱教学的终极目标。在歌唱教学中,每堂课都能给予学生演唱技能上的指导,学生反复练习,并持之以恒,演唱技能自然会一步步得到提高,从而达到不需要指导就"会唱歌"的境界。我们的歌唱教学,都要朝着这样的终极目标努力。教师把学习的自主权完全交给学生,学生主动识谱学唱,在课中分组展示,检验音乐感知能力、审美感知能力、音乐表现能力、文化感知能力,综合提升音乐学科核心素养。

参考文献

[1]中华人民共和国教育部.普通高中音乐课程标准(2017年版)[M].北京:人民教育出版社,2018.

[2]王安国.普通高中音乐课程标准(2017年版)解读[M].北京:高等教育出版社,2018.

[3]王卓.声乐审美观[M].北京:新华出版社,2015.

[4]戴里克·柯克.音乐语言[M].茅于润,译.北京:人民音乐出版社,1981.

[5]曹理,何工.音乐学科教育学[M].北京:首都师范大学出版社,2000.

[6]颜婷婷.课堂中渗透民族音乐文化的实践与探索——以《其多列》一课为例[J]中国音乐教育.2014(3):36-39.

[7]周耘.中国传统民歌艺术[M].武汉:武汉出版社,2003.

关于高中音乐合唱教学模块策略探究

西华师范大学附属中学 陈川

摘 要:合唱教学是我国中小学音乐教育中一项长期而严谨的工作,广泛开展合唱教学是实施中小学音乐教育的有效途径。在合唱中注重学生听觉的训练可以大大提高合唱的音准和学生学习合唱的兴趣,长期这样训练能让学生真正感受到合唱的独特魅力,从而使合唱达到以美育德、以美启智、以美健心的目的,真正促进学生音乐核心素养的形成。

关键词:高中;合唱;和声;听觉

党的十八大、十九大精神提出,全面贯彻党的教育方针,落实立德树人根本任务[①]。普通高中音乐学科,是人文学科的一个重要领域,是基础教育阶段面向全体学生的一门必修课,是学校实施美育教育的重要途径之一,是培养德智体美劳全面发展的社会主义建设者和接班人的教育方针的有机组成部分。学生通过合唱模块学习,参与各类艺术实践活动,对培养高雅艺术情趣,提高学生审美能力,开发学生的创造性潜质,激发学生创意表达,增强民族文化自信,培养爱国主义情操,促进学生全面、健康而有个性的发展起着重要作用。高中音乐课程是落实"立德树人"根本任务,实施学校美育教育的主渠道。

《普通高中音乐课程标准(2017年版)》的课程改革中,高中音乐课程由原来的一个必修模块加五个必修(选学)模块,拓展成了六个必修(选学)模块、六个选择性必修模块和选修课程三类,其中合唱是选择性必修课程模块之一[②]。熟读高中音乐新课标,正确解读、理解、把握新课标内容,明确新课标中的内容突破点和亮点,形成正确的课程基本观念是指导教学行为、进行有效教学的前提指引和基石。高中合唱教材的内容要求包括:欣赏中外优秀合唱作品或片段,体验多声部合唱的艺术魅力和丰富的表现力;参与多种形式的合唱实践,积累合唱表现的感性经验,享受合唱的乐趣;能根据歌谱和指挥要求进行排练与表演;在集体歌唱

---

① 中华人民共和国教育部. 教育部关于全面深化课程改革 落实立德树人根本任务的意见[EB/OL].(2014-03-30)[2020-11-26].http://www.moe.gov.cn/srcsite/A26/jcj_kcjcgh/201404/t20140408_167226.html.

② 中华人民共和国教育部.普通高中音乐课程标准(2017年版)[M].北京:人民教育出版社,2018:8.

中,养成较好的合作与协调能力。

在教学过程中,我发现合唱的音准是训练的一个难题,但是音准训练是合唱训练的重中之重,它是开展合唱教学的基础,对合唱水平的高低起着决定性作用。如果学生缺乏这种训练,教师将无法进行较为复杂的合唱作品的教学。如何提高学生在合唱中的音准？经过多年的训练和摸索,我发现培养学生的音乐听觉比训练歌唱技巧更重要。于是我从一开始就在高中班级合唱课中关注学生的听觉训练,效果明显。在每年学校组织的班级合唱比赛中,经过训练的班级明显整体成绩优秀,从训练班级中选拔出来的合唱团团员在市、区、校的合唱比赛中成绩都名列前茅。现在我把自己的训练心得写出来与同行共享。

我常采用以下方式进行训练：从关注音乐"横向"的旋律发展到慢慢关注学生音乐"纵向"的音响。

一、"横向"的听觉关注训练

目前大多数普通高中学生的合唱意识是很差的,整体音准也不够好,所以一开始必须从最基本的"横向"音准训练着手。首先,我用柯尔文手势训练学生的音高位置感觉,从简单的歌曲旋律开始训练,找一些教材外的大家熟悉的主题,如《欢乐颂》《故乡的亲人》等主题,加上现有新教材上的《凤阳歌》《瑶山夜歌》等主题,再到复杂的歌曲旋律训练。接着我会对学生进行内心节奏音高的训练,比如《友谊地久天长》这首歌曲,我边唱边用柯尔文手势比出音的高低位置,让学生接龙演唱,以训练学生的内心节奏和音高感,这种练习方式主要是关注歌曲横向旋律的音高感和节奏感。在课堂上我要求学生先要准确演唱旋律,再用哼鸣或"噜噜噜"等不同的母音演唱旋律,根据歌曲风格用断唱和连唱等不同的方式进行。单声部视唱我常采用两步,先跟钢琴唱准,再自己清唱。由于课堂训练时间有限,课后一定要有练习安排。每个班的学生我一般把他们分成高中低三个固定的声部小组,每个声部小组我会各选择一个音准较好的同学做组长,组长要充分利用课余时间带领自己组的成员清唱,为下节课的小组清唱比赛做准备。在我们校园中经常出现这样一道亮丽的风景线,课间时三五个学生聚在一起深情地演唱着旋律,这样的练习方式学生只要养成了习惯,将终身受益,既愉悦了身心,又增进了友谊,还提高了演唱技能,培养了歌唱兴趣,可谓一举多得。近年来,我还采用著名指挥家孟大鹏老师推广的"孟氏刻槽法"对学生进行音与音之间的横向训练,这对提高学生的音准帮助极大。

二、"纵向"的听觉发展训练

我先从简单的、节奏对仗工整的二声部训练开始,结合教材改编《欢乐颂》《歌声与微笑》《回声》等二声部歌曲,供学生练习。我常采用让学生边演唱边聆听的方式进行训练,二声部视唱采用六步进行,要求学生:(1)听高声部的音响,唱高声部旋律;(2)听二声部的音响,唱高声部旋律;(3)听低声部的音响,唱高声部旋律;(4)听低声部的音响,唱低声部旋律;(5)听二声部的音响,唱低声部旋律;(6)听高声部的音响,唱低声部旋律。用这样的训练方式让学生慢慢建立起纵向和声的概念。接下来,我会加入两个声部节奏交错的歌曲进行训练,这样由易到难,学生的合唱能力和表现自信逐步得到提高。

三、让学生感知、听辨、构唱和弦的训练

一开始我不让学生过多了解什么是和弦以及和弦的分类等。首先,我会先让学生听辨一四五级柱式和弦的音响效果,引导学生说出它们分别带来怎样的感受,并让学生用不同动作和不同语言表达出来。然后我把这几个和弦连接起来让学生听辨并用动作或者语言表达出来,这样的方式增添了听辨的乐趣,让学生在轻松愉悦的气氛中就完成了听辨。当学生对一四五级柱式和弦的音响色彩有了一定的感知,积累了一定的听觉经验后,老师就可以引导学生进行概念化的提升:讲解什么是主和弦、属和弦、下属和弦及副三和弦,以及它们在歌曲中的运用。

其次,我觉得合唱与和声从来都是密切相关的,构唱是和弦的基础。我常把一个班的学生固定分成三个声部(见图1),先反复训练演唱主和弦,引导学生边演唱自己声部边聆听其他声部,这样他们能感受到自己在三个声部中的音响感觉,我常用主和弦断唱的方式让学生感受立体的音响效果。

图1 三个声部

如果主和弦唱得很好了,我会变换手势,让学生演唱这几个和弦的转换(见图2),由此帮助学生反复建立和声"纵向"的概念。(Ⅰ级用食指,Ⅳ级用除大拇指以外的手指,Ⅴ级用全手掌;也可以用柯尔文手势)

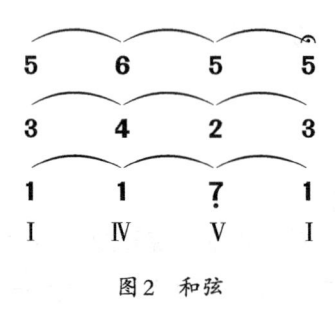

图2 和弦

接下来,采用"I—IV—I—V—I—IV—V—I—IV—V—I"的顺序,让学生唱出此和弦连接。

最后,我会采用听辨和歌唱相结合的练习方式。老师展示一段主旋律并配上和弦级数,老师唱主旋律,其他学生唱出固定的三个声部。同学们在一起不仅练习了各个声部,也增强了彼此协调的团队精神,教学效果非常明显。我常用一些大家熟悉的歌曲,比如《萤火虫》《铃兰》《山楂树》等歌曲,和学生一起练习。(后附《萤火虫》谱例)

萤火虫

1=C 4/4

深情 舒缓地

3 2 3 3 3 2 | 3 6 5 - | 1 1·7 1 1·7 | 1 3 2 - |

3 2 3 3 3 2 | 3 6 7 - | 1·7 6 5 6 5 3 1 | 2 - - 0 1 |

[1·. 1·7 6 5 4 | 5·. 3 2 1·. 1 | 6·. 6 5 4 3 2 | 3·. 3 4 5·. 1 |
  IV   I   IV   I
  1·. 1·2·1 7 6 | 5·. 2 1·. 6 7 | 1·. 6 7 1·. | 1·. 7 1 2 - |
  IV   I   IV   V
  3 2 3 3 3 2 | 3 6 5 - | 1 1·7 1 1·7 | 1 3 2 - |]

3 2 3 3 3 2 | 3 6 7 - | 1·7 6 5 6 5 3 1 | 2 - - 1 |

1. 1 - - 0 1 :‖ 2. 1 - - - ‖

这种方式其实也是要培养学生有一双音乐的耳朵,让每个学生在演唱时用耳朵听着唱,既要能听到自己的声音,又要能听到其他同学的声音。同样,各声部也要能听到其他声部的旋律音响,要训练学生在唱出声音的同时听清集体音响的和声效果,并据此随时调整自己的声音。各声部只有在音量、音色、音准、力度、速度等方面达到协调、平衡的状态,才能做到统一,才能更好地表现作品。这种训练可能开始有点儿难,但这种演唱方式深化了整个合唱作品,一旦学生掌握了这种构唱的经验,大小调的三个主和弦都建立了,那么所有歌曲都能做四声部合唱。所以当学生有了这种积累,他们的收获是很大的,不像以前要一首首地去学习多声部歌曲,这就如"授之以鱼,不如授之以渔"。这些训练方式,能使学生积极性变高,效果较好。一般在学期汇报演出两个月之前,我会选择合唱教材上的四声部合唱排演实践曲目(如《黄水谣》《江山》等),让学生利用课余时间分组预习排练,然后再利用课堂时间集中排练,这种方式极大地调动了学生的主观能动性,让学生受益匪浅。

四、在合唱欣赏中建立合唱的概念,提高学生的审美鉴赏力

欣赏是合唱教学中的一项重要组成部分,在教学过程中我会有选择地让学生欣赏教材上的中外合唱作品,让学生通过聆听声部的旋律性及声部间的层次感提高自身对合唱的感受能力和鉴赏能力,同时又可以使学生从音乐优美的旋律、鲜明的节奏中得到美的享受,从而激发学生对合唱声音优美协和的向往和追求。同时,在指导学生欣赏合唱作品的过程中,我还着重从作品的创作背景以及作品本身所具有的音乐美等方面去启发和引导学生来感受和理解音乐,体会音乐所蕴含的情感,让学生投入到合唱作品的情境中,从音乐的本真中体会合唱艺术的美,以此来培养学生学习合唱的兴趣。

以上训练方法是我在长期高中合唱模块教学中积累的一些浅见,合唱教学丰富了学生的情感,让学生在音乐的体验和感知中培养了审美能力,丰富了想象力和创造力。我相信,当音乐的力量渗入到人的心灵中时,人的道德情操和品格就会发生变化,这也就是现在提倡的学生核心素养的培养。

参考文献

[1]中华人民共和国教育部. 教育部关于全面深化课程改革 落实立德树人根本任务的意见[EB/OL].(2014-03-30)[2020-11-26].http://www.moe.gov.cn/srcsite/A26/jcj_kcjcgh/201404/t20140408_167226.html.

[2]中华人民共和国教育部.普通高中音乐课程标准(2017年版)[M].北京:人民教育出版社,2018.

高中音乐教学中学生"文化理解"学科核心素养实施策略探索

宜宾市第一中学　伍茂渝

> **摘　要**：对于高中音乐学科核心素养之"文化理解"的教学实施，本文从深度挖掘人文内涵、正确引领情感体验、立足思辨审美认知三个方面阐述了自己的探索。
>
> **关键词**：学科核心素养；文化理解

学科核心素养是学科育人价值的集中体现，是学生通过学科学习而逐步形成的正确价值观念、必备品格和关键能力。2017年版普通高中音乐课程标准明确指出：高中音乐学科的核心素养包括审美感知、艺术表现、文化理解三个方面。文化理解是指通过音乐感知和艺术表现等途径，理解不同文化语境中音乐艺术的人文内涵。那么"文化理解"在高中音乐教学中究竟如何实施，本文结合笔者的教学实际，拟从下面几个方面进行阐释。

一、深度挖掘人文内涵，坚定文化自信

音乐与社会生活密切相关，学生要有积极的生活态度，认识中华民族音乐文化的博大精深及其丰富的精神文化内涵。要发展学生的人文素养，培养学生良好的人文自觉意识，鼓励学生在自主分析时开拓个人的视野，进而获得更多的文化自信心。

1. 弘扬民族音乐文化

我国的民族音乐文化形式比较丰富及多元，在人类文明发展的过程中，我国诞生了许多的优秀文化，这些文化在传承以及发展过程中实现了进一步的创新。我们要让学生知道，由于自然、人文情况存在一定的区别，各个地区的风俗习惯以及语言特征差异较为明显，因此，在歌舞表演的过程之中，人们会利用不同的形式来表明自己的内心情感，如陕北民歌《脚夫调》利用"sol do re sol"展现黄土高原独具特色的地理风土人情以及自然环境，而《弥渡山歌》"do re mi"的级进，可以宏观生动地展现该地区的小山坡以及其他的地理地貌。《刨洋芋》《牡丹汗》《弥渡山歌》是非常著名的民歌，教师需要以学生为主导，关注学生的自主感知

情况,让学生意识到这些民歌的淳朴性以及生动性。唐代诗人王维的《送元二使安西》和琴歌《阳关三叠》,是非常典型的教学素材,在教学诗乐式音乐时,教师可以关注学生对诗乐式的理解,发展学生的审美能力,这一点有助于学生产生更多由内而外的文化自信心和能动性。如在学习"高山流水志家国"一节时,教师可以着眼于古琴在形制上的"取法天地",通过对音乐作品音色的分析及研究,全面客观地展现民族音乐内涵,这一点有助于深化学生对民族音乐的理解。

2.融入地方民间音乐,热爱本土音乐文化

对本土文化资源的介绍,特别是融入地方民间音乐的知识,整合四川本土优秀的民族音乐文化资源,结合"唱家乡的歌"微课资源,例如四川民歌、四川清音、川剧等,可以促使学生熟悉并喜爱四川本土的音乐文化,感受四川民间音乐的魅力,进一步领悟中华民族的精神文化内涵。

二、正确引领情感体验,渗透德育教育

1.培养爱国主义情操

教师可开发跨学科的融合内容,以德育教育为基础,以"腔调情韵——多彩的民歌"为例,引导学生自主分析,剖析不同音乐作品的风格以及特征,让学生有一个初步的认知及理解。这种方法能使学生逐步形成良好的爱国主义情怀,进一步提升民族意识,通过演唱民歌,学习民族舞,树立保护和传承民族文化的意识。

2.增强民族自豪感

外国作品以《芬兰颂》为例,作曲家以小号、长号的音调凸显主题特征,以圆号、弦乐在不同音域的复制和移位,不断强化和加剧其语言要素的重要作用,此曲是芬兰民族解放斗争的象征,真正彰显了音乐作品之中的英雄人物形象,能让学生从作品中获得启示,对现实进行反思。中国作品以《保卫黄河》为例,歌曲以跃动的、生机勃勃的音调,以快速大跳的动机和逐步扩张的音型,彰显出民族精神。教师要引导学生领悟其民族使命感,将民族精神渗透到音乐教学中,增强学生的民族自豪感。

3.理解和尊重世界音乐文化多样性

文化与地域以及时代发展密切相关,不同民族、国家的文化表现形式以及情感表达模式有所区别,教师需要让学生站在不同的角度,始终坚持公正客观的思想理念,对不同的音乐形式进行分析及研究。"标题性交响乐的诞生""音响塑成的民族意识"以不同的单元主题分析为依据,通过对相关内涵的分析以及研究来更好地体现艺术的丰富性。

三、立足思辨审美认知，提升精神品质

音乐的审美是在特定文化语境中的审美，因为音乐反映着特定文化语境中人类群体的认识和思维方法。我们的审美体验是建立在适度地渗透作曲家和演奏者的生活环境与经历、作品的历史文化背景的基础上的，所以要帮助学生理解音乐背后深层的文化内容和深刻的思想性。例如在"乐坛新曲——《御风万里》"一课中，作品最大的音乐特点在于将民族音乐语言交响化，以不同民歌主题分析为依据，其中以哈萨克族、藏族、蒙古族以及汉族民歌的主题分析最为关键，教师在聆听的基础上，应引导学生关注此曲中独特的表现手段和表现形式，让学生体会乐曲的情感表达。但对高中生来说，审美体验应建立在其已有的认知基础上。待学生反复聆听 B 段音乐后，引导学生一起讨论得出新的结论。只有汉族民歌《黄河船夫曲》始终与其他三个民族民歌主题交织在一起，造就出"你中有我，我中有你"的音响效果，挖掘出音乐作品的人文内涵，实现立德树人的目标。

总之，教师需要抓住高中这一黄金教育阶段，以引导学生的自主学习为依据，发展学生的音乐素养。我们在教学中，要关注文化理解的落脚点。音乐教育的路还很长，希望老师们今后共同探索。

参考文献

[1]中华人民共和国教育部.普通高中音乐课程标准(2017年版)[M].北京:人民教育出版社,2018.

[2]浦利华.论"挖掘人文内涵"在高中音乐鉴赏教学中的意义与实施策略(下)[J].中国音乐教育,2020(2):24-27.

[3]胡萍,杜宏斌.基于传统音乐思维的诗乐式音乐教学——以《诗情韵谓城曲》一课为例[J].中国音乐教育,2020(3):4-9.

[4]管建华.音乐教师的文化自觉[J].江苏教育,2012(4):15-16.

[5]刘中瑛.指向"音乐性内容":高中音乐鉴赏教学的核心[J].中国音乐教育,2018(2):7-11.

例谈中学音乐课堂教学的有效导入

绵阳市第二中学　张蜀仙

> **摘　要**：课堂教学是由多个教学环节有机连接的完整过程，其中，导入是第一步。教学导入的成功与否是教学目标能否达成的重要因素。音乐这门基础课程，因其自身的特殊性，课堂教学导入更具多样性。怎样的导入更有实效？笔者结合教学实例列举了表演导入、律动导入、比较导入、复习导入、谈话导入五种常见方法。从这几则教学实例中我们可以总结得出，只有充分做好备教材、备学生，依据教学内容、教学目标，结合学生学习特点、知识基础、经验储备等多方面因素，才能找到最佳效果的导入方法。
>
> **关键词**：中学音乐课堂教学；有效导入；表演导入法；律动导入法；比较导入法；复习导入法；谈话导入法

师：同学们请跟着我拍手Ｘ Ｘ Ｘ｜。

生：Ｘ Ｘ Ｘ｜Ｘ Ｘ Ｘ｜……

师：很好，让我们随着音乐一起拍手吧！（老师播放《你笑起来真好看》）

师：接下来请看一段视频，你们认识里面的乐器吗？（老师播放关于古琴的影视片段）

这是在一个观摩课例《高山流水志家国》中看到的导入，在后面的教学活动中，老师从古琴之形、古琴之声、古琴之韵、古琴之意四个环节入手，以古琴曲《流水》为载体引导学生认识了古琴的形制意义、音色、奏法以及古琴阳春白雪、曲高和寡的文人情致，整堂课除导入以外未用到Ｘ Ｘ Ｘ｜这个节奏，也没再出现拍手活动。授课老师说，这就是一个热身活动，他只是单纯希望学生放松身心。实际上，学生整堂课仍表现得很紧张局促。

我理解授课老师的做法，借班上公开课的确存在很多令人担忧的因素，其中师生间的生疏隔阂与面对大庭广众的紧张、惧怕情绪是影响教学效果的主要原因，但我不理解他为什么把这个活动安排在导入环节。

导入，又称"导课""开讲""开场白"，它是一种课堂教学技能，是指教师在一个新的教学内容或教学活动起始阶段，通过某些教学行为，唤起学生的注意，激发学习兴趣，或让学生明确学什么，为什么要学，或建立新旧学习内容的内在联系，引导学生进入新课的学习。能在一开始上课就将学生课前分散的注意力即刻转移到课堂学习中，并使之处于积极状态，是上好一堂课的关键。

那怎样的导入是有效的？笔者结合多节音乐优质课及多年教学经验总结了几种有效导入设计的方法与大家分享。

一、表演导入法

美国著名心理学家布鲁纳曾说过：学习的最好刺激乃是对所学知识的兴趣。在课前导入环节，趣味导入可以避免平铺直叙之弊，创设引人入胜的学习情境，有利于学生从无意注意迅速过渡到有意注意，而表演导入是最常用的导入方式之一。

师：老师给同学们弹奏一段钢琴音乐，请听听，左右手弹奏的旋律和节奏各有什么特点？

生：左手弹奏的节奏密集，旋律呈上行，右手弹奏的节奏没那么密集，旋律呈平行。

师：你能跟着老师的琴声唱一唱这两个不同的旋律吗？

这是一位老师在教音乐鉴赏教材第十四单元第二十六节"舒伯特"时的导入。《魔王》是舒伯特的代表作之一，老师通过精湛的钢琴演奏技巧再现了疾驰的马蹄声、林间掠过的阵阵阴风。为什么马蹄疾？发生了什么事？钢琴还能表现阴风吹？老师简短的表演一下子将学生带入了歌曲所表现的情境，激起了学生的学习兴趣。

表演导入是指为了使教学一开始就打动学生的心、吸引学生的注意力，根据教学内容恰当地以表演来导入新课进行教学，可以充分调动学生的情感和兴趣。

比如，一位擅长舞蹈的教师在进行音乐与舞蹈模块高品质课堂"中国特色化的芭蕾舞"教学时，在导入环节就跳了《天鹅湖》片段和《红色娘子军》片段，学生看得兴致勃勃，老师趁热打铁便提出几个问题：老师跳的是什么舞种？芭蕾舞的肢体动作有什么特点？两段芭蕾的不同点是什么？教师的舞蹈表演创设情境激发了学生的兴趣，再加上层层深入的提问引导，学生对接下来所要学习的知识产生了强烈的好奇心。因此，在后面的各个教学环节的活动中学生始终带着浓浓的兴趣，这位教师从而轻松地完成了本课的教学目标。

"善歌者使人继其声，善教者使人继其志。"教师高质量的表演还可以为学生树立榜样，拉近师生距离。教师在使用表演导入法时，须根据教师自身的音乐专业能力恰当选择，须遵循音乐教学的审美性原则，最大化满足学生的审美需求。

二、律动导入法

律动导入法是指伴随着音乐"有规律地行动，有节奏地跳动"，以音乐刺激听觉，产生"再印象",以身体动作再现音乐,使学生直接产生音乐的经验,自然地进入到音乐学习当中。在音乐中律动,用音乐唤醒本能,是指通过身体反映音乐、培养节奏感,使感情更臻于细腻敏锐。这种方法有助于学生轻松愉快地展开想象,从而促进学生后续学习。

第五届全国中小学音乐优质课比赛中胡萍老师在进行《永远的莫扎特》教学时就采用了律动导入法,她带领同学们在流行歌曲《我不想长大》中律动,开启了莫扎特第四十交响曲的学习。我在教高中音乐鉴赏模块第十一单元"光荣与梦想"第二十二节中的《御风万里》时也采用了律动导入法:引导学生强拍时用手掌击打课桌,弱拍时手指敲击课桌,参与节拍律动,感知速度与节拍的表现力,为接下来体验该乐曲A段中八七、八六、八五拍在快速下营造的中国人民为庆祝香港回归而表现出的激情奔涌场面做足了铺垫。

律动导入是借助肢体和听觉感受音乐节奏的疏密、旋律的起伏和情绪变化的音乐体验活动,律动导入不仅能帮助学生加深对音乐的理解和掌握,还能活跃课堂教学气氛,激发学生学习的兴趣。

三、比较导入法

所谓比较导入法,就是根据新旧知识的联系点、相同点,采取类比的方法导入新课,有的可同类相比,有的可正反相比。在导入阶段引导学生聆听不同作品,对其音乐要素等进行分析、比较、综合,能更有效、更直接地确定被比较的音乐作品的特点,激起学生音乐学习兴趣,也能更有效地引导学生发挥抽象思维和感性的认识能力,提升音乐素养。

如在第三届全国中小学音乐优质课比赛中,宋曼蕾老师在进行爵士乐教学时就采用了比较导入法。

师:请大家听两段音乐。(播放管弦乐《北风吹》和爵士乐《北风吹》)

师:请大家分辨一下,两段音乐有什么不同?

(学生从风格、音乐要素等方面发表对音乐的理解)

引出课题:"什么是爵士乐?"

通过比较,学生高效地理解了爵士乐的风格特点、节奏特点、旋律特点,为后面爵士乐的学习打下了坚实基础。

采用比较导入法必须要有一个参照物,要有两个及以上的比较对象,如果只有一个对象,是没办法进行比较的。

四、复习导入法

复习导入法即以复习上一节课或者曾学习过的知识、内容作为导入新课的方法。这种方法便于学生巩固已学知识,便于学生将新旧知识系统地联系起来,便于教师循序渐进地开展教学。复习导入一般通过提问、做练习、复述等方式进行,使学生在"温故"的基础上"入题"进而"知新"。也可以用复述的方式先复习,再引入新课,这样既复习了上一节课,又很自然地导入了新课,这种导入法使用较为广泛。

比如我在进行《青年友谊圆舞曲》歌唱教学时就用到了复习导入法。

师:新课之前我们先来复习演唱《彩色的中国》。

师:这首歌的节拍是什么?强弱规律是什么?怎么挥拍?

师:这节课我们要学习一首新歌,请看看它的节拍。

师:同样的节拍,不同的歌曲,会给我们带来怎样不同的感受呢?一起来听《青年友谊圆舞曲》。

复习导入法虽然是一种比较传统的导入方式,但也是非常有效的导入法,对新旧知识起到承上启下的作用。

五、谈话导入法

谈话是人与人之间最基本的交流方式。在你来我往的对话中,在思想的相互碰撞与交融中,谈话让双方都各有收益。将其运用于课堂导入中,更易于集中学生的注意力,激发与指引学生积极参与思维表达,在有限的教学时空中提高教学效果。

如刘宏伟老师在进行苗族飞歌《歌唱美丽的家乡》歌唱教学时就采用了谈话导入法。

师:同学们好!我是第一次来银川。我知道银川有塞外江南的美称,更有优美动听的"花儿"。我想请同学们告诉我,宁夏的"花儿"为什么是动听的而不是好看的呢?这里的"花儿"指的是什么?

生:民歌。

师:我们国家有多少个民族?

生:56个。

师:对,我们国家是56个民族的大家庭,每个民族都有自己独特的生活方式、文化和习俗,老师最喜欢其中的什么?你们猜猜。

师:我最喜欢的是风格各异的民歌,今天我们一起来欣赏具有苗族风格的民歌。

课堂导入的真功夫就是谈话法,通过教师与学生的平等对话,交流已有的经验、见闻,回顾过往的知识,提出新的问题,导入新课题。同样是借班上课,刘老师以亲切和蔼的语气,满脸微笑地跟孩子们谈感受,拉家常似的导入新课内容,课堂气氛融洽和谐,学生毫不拘束。这种导入法古老又年轻,简洁而多变,但同时也是对教师音乐综合素养和教学能力的巨大的考验。

苏霍姆林斯基说,"如果老师不想办法使学生产生情绪高昂的智力振奋的内心状态,就急于传授知识,不动感情的脑力劳动就会带来疲劳",可见在课堂教学中导入的重要意义。新颖别致、生动形象的导入可以凝聚学生注意力、激发学习兴趣;消除学生对新课、新教师的惧怕、怀疑心理,促使学生产生亲切信任感;能为整堂课的顺利进行做好铺垫,使之进一步展开、发展、开拓,把课程不断推向高潮,产生良好、积极的"连锁反应"。一位"善导"的教师,总会重视导入的有效设计,诱发学生的求知欲,变"要我学"为"我要学"。

以上是中学音乐课堂教学几种常用的导入法,除此之外还有猜谜语法、故事导入法、问答测试导入法、创设情景导入法……。正所谓教学有法,但无定法,贵在得法,导入方法也是多种多样的。教师要充分发挥自己的能动性,多学习多思考,为学生、为自己选择最恰当的导入法。

参考文献

[1]魏智渊.苏霍姆林斯基教育学[M].北京:文化艺术出版社,2013.

[2]田月先.窦桂梅课堂导入教学研究[D].重庆:西南大学,2020.

微课在高中视唱练耳教学中的运用探究

四川省双流艺体中学　何建军

> **摘　要**：近年来，互联网凭借流传性广、流传速度快、接收方式简易等特点，迅猛发展，正悄无声息地改变着当代人们的生活方式，随之衍生出的微型新生事物已渗透到社会各行各业。教育，作为人们生活中重要的组成部分，其教学方式也正发生着巨大的改变——微课应运而生，它正不可避免地成为当前教育信息化中最受关注的应用形式之一。将练耳微课储存在网络互动平台，学生可以不受时间空间的影响，随时根据自身的学习现状进行选择性学习。
>
> **关键词**：视唱练耳；微课制作；练耳教学；练耳微课

　　练耳微课是将视唱练耳科目中的内容按照教学目标进行归类，运用微课的制作方法将教学课件、教学过程、教学效果检测做成视频，最终用于教学各个阶段的新型教学模式。它既可以用于课堂教学，也可以作为课后学生自习的重要学习资料。微课把教学内容、教学方法、教学过程以视频的形式展示在学生面前，它有着以下特点：(1)教学时间较短；(2)教学内容较少；(3)资源容量较小；(4)资源构成情景化；(5)主题突出，内容具体；(6)便于传播[①]。

一、练耳微课教学背景

　　音乐是声音的艺术。敏锐的听力是音乐学习的基础，视唱练耳是音乐学习者必修的专业课程。本文以练耳课堂教学技术手段的变革为起点，将传统练耳教学方法和微课练耳教学方法进行比较，介绍微课制作和使用方法，详细说明微课课前、课中、课后的使用途径，利用网络互动学习平台，建立较为完整的练耳微课教学模式。

---

① 方其桂.微课制作实例教程[M].北京：清华大学出版社，2015：4-5.

二、练耳微课教学模式亮点

练耳微课教学模式与传统练耳教学模式有着密切联系,也有着巨大的不同,其不同主要体现在以下几个方面:

(一)授课时间短

传统的课堂教学授课时间是40或45分钟。经调查、探访,大部分普通高中的音乐专业性较强的科目授课时间长达90分钟也是常有之事。长时间的学习容易使学生感觉乏力,注意力不够集中,这样无法实现教学的有效性和针对性。而练耳微课的教学时间较短,一般在10分钟左右,这样的授课时间能有效保持学生的注意力。

(二)教学内容独立、详尽

练耳微课是教师将每节课的教学内容制作成各类课程资源,最终以视频的方式呈现出来的教学模式。教学内容具有很强的独立性,每节微课之间既有联系又相互独立。练耳微课选取的教学内容,一般都是一些具体的小知识点、小问题。它在形式上更加独立,指向上更加明确,所要解决的问题更加集中,学生可以在短时间内通过微课进行有效的学习。与我们传统的练耳课堂所要完成的复杂又系统的教学内容相比,练耳微课的教学内容显得更加精练。

(三)学生学习方式多样、灵活

相对于传统练耳课堂,使用练耳微课教学模式的课堂中,学生的学习方式发生了根本性的变化。学生借用手机、平板等电子产品或多媒体设备,通过微课互动学习平台便可轻松参与学习。学习环境和场所也不受限制,学习更加自由。学生在家或在校均可参与学习,不再像传统课堂仅仅局限于在教室里面才能参与学习。更重要的是,在练耳微课的学习中,学生有疑惑的地方,可以随时对老师制作好的练耳微课视频进行多次回放、反复学习,直到完全掌握。

(四)教学反馈及时、有效

练耳微课中的"考试环节"是练耳微课最大的亮点,它颠覆了传统练耳课堂的教学反馈即学生评价体系。传统的练耳课堂反馈只能由教师在课堂中用钢琴或者电子琴弹奏乐曲进行辅助,通过笔试或者口试进行课堂教学评价,这样的反馈的实效性、全面性和及时性较差。而练耳微课中的考试环节能方便学生在学习完成后及时进行测验,UMU互动学习平台(北京优幕科技有限责任公司开发的AI驱动的效果学习平台)能自动为学生进行成绩评定,考试后系统会自动打分,便于学生及时发现、纠正问题。

三、练耳微课教学方法介绍

练耳微课在练耳课堂中的使用方式较多、范围较广,有较强的灵活性、互动性和参与性。

教师、学生在课前、课中、课后都可以使用。

（一）课前有互动——网络预习，奠基课堂教学

微课教学模式中，教师需要制作大量的微课素材，其中包含有音频、教学课件、教学视频、课堂考试等，整理完成后上传到网络学习平台。在上课前，教师将大量的教学资料通过网络平台传送给学生。例如UMU互动学习平台功能就非常强大，可以在课程环节中添加视频、直播、图文等功能，也可以添加问卷、提问、讨论、拍照上墙、签到、考试、游戏等多种互动。教师在课前将课堂中涉及的知识要点、课件、微课视频加入到课前的互动或者预习环节中，学生通过课前的预习和知识要点的梳理，对课堂的学习目标更加明确，有指示性和预见性。尤其是在预习环节中推送练耳课堂中将要学习的音频，学生便能提前感知练耳的内容和音响效果，以此提高学习的针对性。更重要的是，通过摸底课前的学习情况，老师便能轻松掌握学生的练耳能力情况。

（二）课中有载体——多元方式，直击教学难点

课堂既是学生对已学知识的反馈，也是学习新内容的重要载体。在微课教学模式中，教师主要通过课前资料的推送反馈，依据学生知识结构和练耳能力的薄弱环节，在课堂中再进行集中讲解和展示。针对每个知识点制作的微课视频是课堂中帮助学生把握知识重点、解决难点的有效渠道之一。课堂中，教师巧妙运用微课素材中的音频、图文、教学课件等，对提高教学实效性有着重要作用，通过播放多媒体教学课件可以使教学更加形象和立体化，符合现代教育发展规律。在练耳课堂中播放提前制作好的音频，学生可通过聆听练耳音频对课堂的学习效果进行及时反思。这也使学生的学习更加具有指向性，便于学生准确地找出课堂中还未掌握好的知识要点和锻炼专项听力能力。

（三）课后有检测——互动平台，检验教学实效

掌握知识需要不断的复习和巩固。教师将练耳微课上传到UMU互动学习平台，方便学生及时复习巩固，在考试环节能有效帮助学生掌握知识要点。通过UMU互动学习平台进行复习和巩固的方法较简单，主要有以下几步。

第一步：教师创建微信群或QQ交流群，学生通过微信群或QQ交流群接收UMU互动学习平台的练耳微课推送。

第二步：学生在网页上进行注册报名。为了方便准确掌握学生的基本信息和学习情况，教师还可以设计报名环节。

第三步：学生进入微课学习，找到课程目录。在课程目录中，UMU互动学习平台会呈现教学所需的所有教学资源，如教学课件、教学视频及考试资料等。

第四步：学生参与检测环节，在练耳微课课程目录中找到相应的听力音频，通过二维码

扫描进行音频下载,也可以直接在相应考试题目中加入音频。完成音频下载后,学生在聆听音频的同时开启考试测评,检测结束后提交,UMU互动学习平台自动评分,学生查询或更正未得分考试题目和选项。

通过练耳微课教学模式,教师可以全面掌握学生的学习情况,不论是学生的课前预习、课中学习情况,还是课后的教学检测,教师都可以通过问卷、提问、讨论、拍照上墙、考试等环节对学生学习情况进行实时掌握,这样的练耳微课模式对教学的实效性提升效果明显。有了对学生学习情况的实时跟踪,教师能准确掌握学生的练耳水平,有利于因材施教,对后期的教学能起到较为重要的作用。同样,学生通过微课的实时评价反馈,也能详细了解所学内容中哪些是还未掌握的,有利于课后进行巩固和训练。

练耳微课教学模式是对音乐教育资源运用的创新,也是对学习内容的重新组合,微课的设计与制作可以弥补传统练耳课堂的诸多不足,在很大程度上减轻音乐教师的工作量,提高音乐教师教学综合能力。同时,教师通过微课的教学模式在一定程度上可以更好地培养学生的自主学习能力和自主探究的学习兴趣,促进学习效果的有效提升。当然,实现科学、高效的练耳教学需要每个音乐教育工作者的不断努力,练耳微课教学模式也需要不断的探索和实践。

参考文献

[1]方其桂.微课制作实例教程[M].北京:清华大学出版社,2015:4-5.

附录

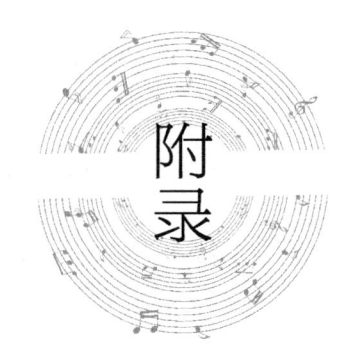

四川省中学音乐名教师(陈双)鼎兴工作室关于学校课堂教学现状的问卷调查(学生卷)

亲爱的同学你好,欢迎你参加四川省中学音乐名教师(陈双)鼎兴工作室关于学校课堂教学现状的问卷调查(学生卷)。本次问卷调查属于匿名调查,请你根据自己的情况如实选填。你的参与将有利于学校音乐课堂教学设计的进一步改进。

Q1.你所在的地方?

成都	1
乐山	2
宜宾	3
泸州	4
南充	5
绵阳	6

Q2.你所在的年级?

高一	1
高二	2
高三	3

Q3.你的性别?

男	1
女	2

Q4.你所在的学校位于?

城区	1
乡镇	2

Q5.你对音乐课的喜欢程度?

非常喜欢	1
比较喜欢	2
一般	3
不太喜欢	4
很不喜欢	5

Q6.如果不需要应对各种考试,你是否愿意学习音乐?

是	1
否	2

Q7.你最喜欢的音乐课类型?

欣赏课	1
唱歌课	2
综合课	3
编创课	4

Q8.音乐课一般在哪里上?

教室	1
专用音乐教室	2
无固定场所	3

多选题

Q9.你认为学习音乐的重要价值是什么?

丰富音乐体验,培养艺术情趣	1
提升人文素养,健全高尚人格	2
学习掌握基本的音乐知识与技能,奠定终身学习音乐的基础	3

续表

使学生顺利通过高考,接受更高级的教育	4
丰富生活,调节学习压力	5
没有发现有什么价值	6

Q10.有同学不喜欢音乐课,你认为主要原因是什么?

课堂不够有吸引力	1
对课程内容不感兴趣	2
教师的教学缺乏特色,不够吸引人	3
与教材和教师无关,是自己不感兴趣	4
不喜欢教师	5
课外音乐已经完全能满足自己的需求	6

Q11.你认为同学喜欢上音乐课的主要原因是什么?

对个人素养要求较高	1
纯粹喜欢音乐	2
被教师高品质的课堂教学吸引	3
主要为了高考	4
学习太累,想放松下	5
对教师的喜欢或崇拜	6

Q12.你喜欢的音乐模块?

歌曲演唱	1
音乐鉴赏	2
器乐演奏	3
音乐创编	4
音乐与舞蹈	5
音乐与戏剧表演	6

Q13.学习音乐课程后你的收获?

拓展了音乐视野	1
丰富了审美体验	2
实现了音乐表现(表演)	3

续表

激发了音乐学习兴趣	4
培养了创造精神	5
树立了音乐学习的自信	6

Q14.你喜欢的音乐课堂学习方式有?

模仿	1
听讲	2
聆听体验	3
律动体验	4
演奏体验	5
合作探究	6
编创体验	7

Q15.你认为高中音乐课堂普遍存在的问题是什么?

教学内容陈旧	1
缺乏音乐美感	2
教师讲解太多,音乐审美性不突出	3
应试压力导致的矛盾	4
缺少音乐实践体验	5
课程学习目标不明确	6

Q16.你认为导致音乐课堂学习效率低的主要原因是什么?

课堂不够有吸引力	1
理论多于实践	2
课堂学习目标不明确	3
过多无效教学提问	4
音乐体验形式单一	5
学生参与面不广,小组合作形式化	6
缺少现代技术手段,影音资料质量不高	7
课堂音乐氛围不浓	8

Q17. 你所在学校的音乐教学配套设施怎样?

无专业音乐教室	1
有简易音乐教室	2
有标准配置的音乐教室	3
多媒体设备良好	4
多媒体设备陈旧	5
没有多媒体设备	6
配有足够的打击乐器	7

Q18. 你所在学校有哪些音乐艺术社团?

合唱团	1
舞蹈队	2
戏剧社	3
乐团(中西管弦类、打击类)	4
其他	5
没有	6

Q19. 你所在学校有哪些传统艺术活动?

艺术节	1
各类大赛(唱歌类、舞蹈类、器乐类)	2
合唱节	3
音乐节	4
其他	5

感谢你的参与,你的参与将有利于老师对课堂教学设计进行改进,让音乐属于我们每一个人吧!

四川省中学音乐名教师(陈双)鼎兴工作室关于学校课堂教学现状的问卷调查(教师卷)

亲爱的老师你好,欢迎你参加四川省中学音乐名教师(陈双)鼎兴工作室关于学校课堂教学现状的问卷调查(教师卷)。本次问卷调查属于匿名调查,请你根据自己的情况如实选填。

Q1.你所在的地方?

成都	1
乐山	2
宜宾	3
泸州	4
南充	5
绵阳	6

Q2.你的教龄?

1~3年(不含3年)	1
3~5年(不含5年)	2
5~10年(不含10年)	3
10年以上	4

Q3.你的职称?

初级(二级教师)	1
中级(一级教师)	2
副高级	3
正高级	4

Q4.你参加过的最高级别的师资培训是?

县(区)级	1
市级	2
省(部)级	3
国家级	4

Q5.你所在的学校有能满足音乐教学的硬件设施设备吗?

设施设备不足,无法满足	1
有,但不能满足	2
标准配备,能满足	3

Q6.你对音乐新课程标准的掌握程度?

非常熟悉	1
基本了解	2
不怎么了解	3
从没了解过	4

Q7.你有没有参加过系统的音乐教师职后培训?

有	1
没有	2
参加过零星学习	3

多选题

Q8.有学生不喜欢音乐课,你认为主要原因是什么?

课程本身实用价值不高	1
对课程内容不感兴趣	2
教师的教学设计缺乏特色,课堂品质不高,不够吸引人	3
与教材和教师无关,是学生自己不感兴趣	4

Q9.你的专长?

声乐	1
舞蹈	2
键盘	3
器乐	4
合唱	5
戏剧表演	6
其他	7

Q10.你认为高中音乐课的重要育人功能是什么?

推行素质教育,培养艺术情趣	1
完成德育目标,培养健全人格	2
学习掌握基本的音乐知识与技能	3
使学生顺利通过高考,接受更高等级的教育	4

Q11.你认为学生喜欢上音乐课的主要原因是什么?

教学设计有新意	1
课堂氛围轻松	2
参加高考	3
喜欢音乐	4
教师的人格魅力与艺术修养	5

Q12.你认为课堂教学策略应该是哪些方面的集成?

教学思想	1
方法模式	2
技术手段	3
教学目标	4

Q13.你认为目前影响音乐课堂教学质量提高的因素有哪些?

教师的敬业精神与育人情怀不足	1
课堂教学评价滞后	2
教师独白式教学,缺少教学策略	3
缺少现代教学技术运用	4
教学硬件设备不足	5
教学方法单一,缺少学法指导	6
缺乏教学个性,不够吸引学生	7
教师专业素养与人文修养不够	8
学生对课程不感兴趣	9

Q14.你认为教师应该采取哪些策略来提高音乐课堂效率?

课前教学准备策略	1
教学过程实施策略	2
课堂管理策略	3
课堂评价策略	4

感谢您的参与,让我们共同努力,致力于中学音乐课堂教学策略实践研究,努力提升音乐课堂教学品质,让音乐属于每一个孩子!

后记

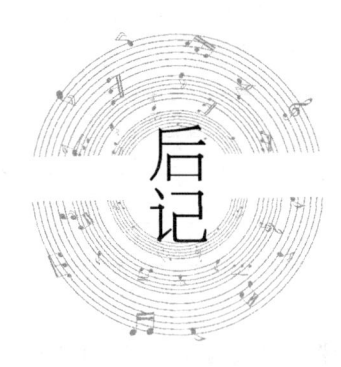

栉风沐雨,薪火相传,我与工作室各位成员历经几次三番的修改,终于完成本书的编撰工作。本书作为本团队课题研究的成果之一,在一开始就确定了以下三个方向:

一要提问。问自己,问旁人。带着从教以来最大的困惑,从最难突破的瓶颈来开展交流、学习和研究。

二善求索。寻找答案的路径有千千万万条,要在科学育人观的指引下,找到属于自己并造福莘莘学子的那一条。

三须凝练。将所思所得凝练成锦囊妙招,要有独到之处,要有理论基础,更要方便美育同人参考、借鉴。

本着这样的初心,我们在编撰工作中如履薄冰,但由于水平有限,本书多有疏漏之处,恳请大家批评指正。感谢在本书编撰过程中提供无私帮助的专家、学者、编辑、教师朋友们,感谢阅读到这里的您。心怀热爱,便无畏山海,让我们"艺"路同行!